MIX
Papier aus verantwortungsvollen Quellen
Paper from responsible sources
FSC® C105338

Philip Kaiser

Digital Game Based Learning
Konzept zur Integration
in eine universitäre Lernplattform

Diplomica® Verlag GmbH

Kaiser, Philip: Digital Game Based Learning: Konzept zur Integration in eine universitäre Lernplattform, Hamburg, Diplomica Verlag GmbH 2012

ISBN: 978-3-8428-8995-8
Druck: Diplomica® Verlag GmbH, Hamburg, 2012

Bibliografische Information der Deutschen Nationalbibliothek:
Die Deutsche Nationalbibliothek verzeichnet diese Publikation in der Deutschen Nationalbibliografie; detaillierte bibliografische Daten sind im Internet über http://dnb.d-nb.de abrufbar.

Die digitale Ausgabe (eBook-Ausgabe) dieses Titels trägt die ISBN 978-3-8428-3995-3 und kann über den Handel oder den Verlag bezogen werden.

Dieses Werk ist urheberrechtlich geschützt. Die dadurch begründeten Rechte, insbesondere die der Übersetzung, des Nachdrucks, des Vortrags, der Entnahme von Abbildungen und Tabellen, der Funksendung, der Mikroverfilmung oder der Vervielfältigung auf anderen Wegen und der Speicherung in Datenverarbeitungsanlagen, bleiben, auch bei nur auszugsweiser Verwertung, vorbehalten. Eine Vervielfältigung dieses Werkes oder von Teilen dieses Werkes ist auch im Einzelfall nur in den Grenzen der gesetzlichen Bestimmungen des Urheberrechtsgesetzes der Bundesrepublik Deutschland in der jeweils geltenden Fassung zulässig. Sie ist grundsätzlich vergütungspflichtig. Zuwiderhandlungen unterliegen den Strafbestimmungen des Urheberrechtes.

Die Wiedergabe von Gebrauchsnamen, Handelsnamen, Warenbezeichnungen usw. in diesem Werk berechtigt auch ohne besondere Kennzeichnung nicht zu der Annahme, dass solche Namen im Sinne der Warenzeichen- und Markenschutz-Gesetzgebung als frei zu betrachten wären und daher von jedermann benutzt werden dürften.

Die Informationen in diesem Werk wurden mit Sorgfalt erarbeitet. Dennoch können Fehler nicht vollständig ausgeschlossen werden, und der Diplomica Verlag, die Autoren oder Übersetzer übernehmen keine juristische Verantwortung oder irgendeine Haftung für evtl. verbliebene fehlerhafte Angaben und deren Folgen.

© Diplomica Verlag GmbH
http://www.diplomica-verlag.de, Hamburg 2012
Printed in Germany

1 Vorwort und Danksagung

Die vorliegende Studie ist im Rahmen meines Studiums der Wirtschaftswissenschaften an der Universität Kassel entstanden.

Mein erster Dank geht an Herrn Prof. Dr. Jan Marco Leimeister für die Themenstellung und die fachliche Betreuung des von ihm geleiteten Fachbereichs. Die Betreuung erfolgte durch Eike Hirdes und Niroshan Thillainathan, die mir mit fachlichen Diskussionen und Ratschlägen zur Seite standen.

Weiterhin bedanke ich mich bei allen Personen – insbesondere bei Heinz-Dieter Kaiser und Dr. Jörg-Heino Sachse, die mir durch ihre Unterstützung geholfen haben, diese Studie zu erstellen. Ich danke ihnen für die vielseitige Unterstützung, ihre Geduld und ihr außerordentliches Engagement.

2 Zusammenfassung

Computerspiele sind heutzutage fester Bestandteil unserer Freizeit-Kultur. Es liegt folglich die Überlegung nahe, diese mit lehrreichem Material zu verknüpfen. Spiel-basiertes Lernen wird bei Kindern schon lange erfolgreich eingesetzt. Warum also nicht auch bei Schülern und Studenten? Die vorliegende Studie stellt ein Konzept vor, wie spiel-basiertes Lernen in eine universitäre Lernplattform integriert werden kann. Als Grundlage hierfür dient zum ersten eine Literaturrecherche, die Anforderungen an Learning Management Systeme und das Digital Game Based Learning ergründen soll. Zum zweiten erfolgt eine Befragung von Studenten hinsichtlich deren Anforderungen an digitale Lernspiele in einer universitären Umgebung. Außerdem wird evaluiert, ob Studenten digitale Lernspiele generell als Lernmethode annehmen würden. Die aus der Literaturrecherche und der Befragung hervorgehenden Ergebnisse werden in einem Lastenheft als Konzept vorgestellt. Die Studie zeigt, dass auch bei Studenten digitales spiel-basiertes Lernen akzeptiert und auch die Lern-Motivation gesteigert werden kann. Für Studenten könnte so eine Methode zu Lernen entstehen, die noch mehr motiviert, den Spaß am Lernen erhöht oder den Lernprozess sogar völlig unbemerkt vor sich gehen lässt.

Stichworte: Digital Game Based Learning, Learning Management System, E-Learning, Lernprozess, Stealth-Learning

Abstract

Computer games have become an indispensable part of our leisure culture. So, the idea of combining them with instructive material seems to be obvious. For a long time game-based learning is successfully used in kid's education. So why, it shouldn't be used for pupils or students as well? This paper presents a concept how game-based learning could be integrated in learning management systems for universities. The basis for this concept is – at first – a literature research which should find out the requirements of learning management systems and digital game-based learning. Secondly, a survey regarding the student's requirements of digital game-based learning is made. The survey also evaluates whether the students would accept digital game-based learning as a learning method in general. The results derived from the literature research and the survey will be presented in a software requirement specification as a concept. This paper shows that students also accept digital game based learning that increases the motivation for learning. By using digital game-based learning in universities there could occur a learning method which increases motivation and fun in studying. Maybe the learning process could even happen unnoticed.

Key words: digital game-based learning, learning management system, e-learning, learning process, stealth learning

Inhaltsverzeichnis

1 Vorwort und Danksagung V
2 Zusammenfassung VI
Abbildungsverzeichnis X
Tabellenverzeichnis XI
Abkürzungsverzeichnis XII
3 Einleitung 13
   3.1 Motivation/Hintergrund 13
   3.2 Aufgabenstellung/Zielsetzung 14
   3.3 Abgrenzungen 14
   3.4 Aufbau der Studie 15
4 Grundlagen und Definitionen 17
   4.1 E-Learning 17
   4.2 Lernplattformen 18
   4.3 Digital Game Based Learning 19
   4.4 Warum Digital Game Based Learning? 20
      4.4.1 Motivation 21
      4.4.2 Aktivierung der Lernenden 23
   4.5 Verschiedene Lerntypen 24
5 Kriterien, Prinzipien und Anforderungen an Lernplattformen und digitale Lernspiele 25
   5.1 Lernplattformen 25
      5.1.1 Kriterien für Learning Management Systeme nach Schulmeister 25
         5.1.1.1 Kernfunktionalitäten 25
         5.1.1.2 Weitere Funktionalitäten 26
   5.2 Digital Game Based Learning 28
      5.2.1 Der Lernprozess bei digitalen Lernspielen 29
      5.2.2 Charakteristiken nach Garris, Ahlers und Driskell 31
      5.2.3 Prinzipien digitaler Lernspiele nach Gee 33
         5.2.3.1 Empowered Learners 33
         5.2.3.2 Problem Solving 33
         5.2.3.3 Understanding 35
      5.2.4 Genreeinteilung 35
      5.2.5 Anforderungen an DGBL 37
      5.2.6 Potenziale und Herausforderungen des DGBL 40

6 Anforderungen von Studenten an digitale Lernspiele in einer universitären Lernplattform **42**

6.1 Basis-Modell der Befragung 42

6.2 Anpassung des Modells 43

6.3 Art und Aufbau der Befragung 44

6.4 Pretest 45

6.5 Auswertung 45

    6.5.1 Demographische Daten 46
    6.5.2 Computerspielnutzung und Lernspiel-Erfahrung 46
    6.5.3 Akzeptanz 48
    6.5.4 Anforderungen 49
    6.5.5 Endgeräte und Örtlichkeiten 56

6.6 Zusammenfassung 57

7 Konzept zur Integration von Digital Game Based Learning in eine universitäre Lernplattform **59**

7.1 Zielbestimmungen 59

7.2 Produkteinsatz 59

7.3 Produktfunktionen 60

7.4 Produktdaten 61

7.5 Produktleistungen 62

    7.5.1 Produktleistungen der Lernplattform 62
    7.5.2 Produktleistungen des digitalen Lernspiels 63

7.6 Qualitätsanforderungen 66

7.7 Ergänzungen 66

8 Zusammenfassung und Ausblick **68**

Literaturverzeichnis **70**

Anhang **73**

    Anhang A Fragebogen 74

Abbildungsverzeichnis

Abbildung 1: Nutzung von Social Games 13
Abbildung 2: Grafische Darstellung der Forschungsfragen 16
Abbildung 3: Idealtypische Architektur eines LMS 19
Abbildung 4: Fünf Quellen der Motivation 22
Abbildung 5: Engagement and learning 23
Abbildung 6: Game Cycle Modell 30
Abbildung 7: Der Flow-Kanal nach Csikszentmihalyi 32
Abbildung 8: UTAUT-Modell 42
Abbildung 9: Altersverteilung der Befragten 46
Abbildung 10: Computerspiel- und Videospielnutzung der Befragten 47
Abbildung 11: Gründe für die Nutzung von Computer- und Videospielen 47
Abbildung 12: Erwarteter Aufwand ein Lernspiel zu nutzen 49
Abbildung 13: Gewichtung der Anforderungen der Kategorie Unterhaltung 50
Abbildung 14: Gewichtung der Anforderungen der Kategorie Aufbau & Struktur 52
Abbildung 15: Gewichtung der Anforderungen der Kategorie Umgebung 53
Abbildung 16: Gewichtung der Anforderungen der Kategorie Inhalt & Ziele 54
Abbildung 17: Vergleich der Mittelwerte der Kategorien 54
Abbildung 18: Gewichtung der Anforderungen der Motivationserhaltung 55
Abbildung 19: Endgeräte, mit denen bevorzugt ein Lernspiel durchgeführt werden würde ... 56
Abbildung 20: Orte, an denen bevorzugt ein Lernspiel gespielt werden würde 56

Tabellenverzeichnis

Tabelle 1: Typen digitaler Lernspiele 37
Tabelle 2: Didaktische Komponenten des DGBL 37
Tabelle 3: Technische Komponenten des DGBL 38
Tabelle 4: Verhaltensabsicht zu Lernspielen an der Universität 48
Tabelle 5: Die wichtigsten Anforderungen aus der Befragung 58

Abkürzungsverzeichnis

AuS	Anforderung aus der Kategorie Aufbau & Struktur
CBT	Computer-based Training
DGBL	Digital Game Based Learning
Ent	Anforderung aus der Kategorie Unterhaltung (Entertainment)
FF	Forschungsfrage
IuZ	Anforderung aus der Kategorie Inhalt & Ziele
LD	Produktdaten des Lastenhefts
LF	Produktfunktionen des Lastenhefts
LL	Produktleistungen des Lastenhefts
LMS	Learning Management System
Mot	Anforderung aus der Kategorie Motivation
TAM	Technology Acceptance Model
Umg	Anforderung aus der Kategorie Umgebung
UTAUT	Unified theory of acceptance and use of technology
WBT	Web Based Training

3 Einleitung

Dieses Kapitel stellt dar, aus welcher Intension heraus das vorliegende Konzept geschrieben wurde und welche Zielsetzung sie hat. Außerdem werden Abgrenzungen vorgenommen und der Aufbau der Studie wird in Text und Bild dargestellt.

3.1 Motivation/Hintergrund

Durch das eigene Studium an der Universität Kassel und einer damit verbundenen Nutzung der dort vorhandenen Lernplattform „moodle" entstand die Motivation, dieses Konzept zu verfassen. Lernplattformen sind gerade im studentischen Bereich nicht mehr wegzudenken. Ein Grund hierfür ist die im Prinzip allgegenwärtige Präsenz des Internets, die es den Lernenden ermöglicht unabhängig von Zeit und Ort zu lernen oder sich mit Kommilitonen auszutauschen. Immer mehr neue Bildungstechnologien – gerade die angesprochenen Lernplattformen – treten in den Vordergrund. Aus eigenen Erfahrungen heraus ist zu sagen, dass die Lernplattformen und deren Inhalte in der Regel wenig unterhaltsam sind. Mit dem Aufkommen von Social Games entstand die Idee, Lerninhalte des Studiums mit Computerspielen zu verknüpfen.

Abbildung 1 belegt, dass Social Games einen hohen Anklang finden. Wünschenswert wäre es, wenn beispielsweise Social Games (aber auch „gewöhnliche" Computerspiele) inhaltlich auf die jeweilige Ausbildung oder das jeweilige Studium abgestimmt sein könnten, aber dennoch den gleichen Spaßfaktor beinhalten.

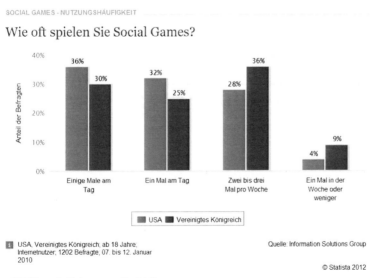

Abbildung 1: Nutzung von Social Games
Quelle: de.statista.com 2012

Über die Verknüpfung von Wissensvermittlung und Spielen soll eine höhere Lernbereitschaft erreicht werden. Im Zusammenhang der Motivation von Lernenden und den internetbasierenden Lernplattformen spielt das Digital Game Based Learning eine zunehmend wichtige Rolle.

3.2 Aufgabenstellung/Zielsetzung

Es ist Ziel der Studie ein Konzept zur Integration von Digital Game Based Learning in eine Lernplattform zu entwickeln, das bei Studenten die Motivation zu Lernen erhöhen soll.

Dabei soll im ersten Schritt herausgefunden werden, welche Kriterien eine solche Lernplattform erfüllen muss, welche Prinzipien digitale Lernspiele verfolgen sollten und welche Anforderungen an Digitale Lernspiele existieren.

Eine Befragung von Studenten als zweiter Schritt soll aufzeigen, welche Anforderungen diese an eine Lernplattform und digitale Lernspiele stellen. Es soll evaluiert werden, wie Studenten dazu motiviert werden können, sich die Lehrinhalte des Studiums mittels dieser Medien anzueignen.

Im letzten Schritt erfolgt dann die eigentliche Erstellung eines Konzeptes für die Integration eines digitalen Lernspieles in eine Lernplattform, welche das Kriterium erfüllt, den Studenten Spaß an Bildung zu vermitteln und sie somit beim Lernprozess besser unterstützen kann und diesen erleichtert.

3.3 Abgrenzungen

In der vorliegenden Studie soll ein Konzept präsentiert werden, wie Digital Game Based Learning auf universitärer Ebene eingesetzt werden kann. Dabei werden die grundlegenden Anforderungen, die an spiel-basiertes Lernen in einem Hochschul-Umfeld bestehen, in dieses Konzept integriert. Es wird nicht auf Detail-Anforderungen eines Lernspiels, d.h. zum Beispiel die Entwicklung einer Hintergrund-Geschichte für ein Spiel oder ähnliches eingegangen. Es ist auch nicht Ziel dieser Studie eine technische Umsetzung dieses Konzeptes vorzunehmen.

Über einen Online-Fragebogen wurde ausschließlich die Stakeholder-Gruppe der Studenten befragt und somit lediglich deren Anforderungen eruiert. Andere Stakeholder wie zum Beispiel

- Dozenten und wissenschaftliche Mitarbeiter (für das Einstellen der Lerninhalte verantwortlich),
- Administratoren (Mitarbeiter, die sich verantwortlich für das Verwalten des Lernspiels und der Lernplattform zeigen)

wurden nicht berücksichtigt.

3.4 Aufbau der Studie

Das Hauptgerüst dieses Konzeptes bilden drei Forschungsfragen (FF):

1. Welche Kriterien, Prinzipien und Anforderungen an Lernplattformen und digitale Lernspiele zeigen sich in der Literatur?
2. Welche Anforderungen an digitale Lernspiele in einer Lernplattform hat die Stakeholder-Gruppe der Studenten?
3. Wie könnte ein Konzept zur Integration von Digital Game Based Learning in eine universitäre Lernplattform aussehen?

Um dieses Gerüst herum ist die Studie in vier Hauptteile gegliedert. Im ersten Teil werden Grundlagen und Definitionen geklärt, die zum Verständnis der Inhalte der Forschungsfragen dienen. Hier soll unter anderem erläutert werden, was die Begriffe E-Learning und Digital Game Based Learning (DGBL) bedeuten. Auch auf den Begriff der Lernplattformen (auch LMS) im Allgemeinen wird eingegangen. Ein entscheidender Punkt in diesem Kapitel ist die Frage, warum spielgestütztes Lernen überhaupt Sinn macht. Dies führt zu dem Begriff der Motivation – und für diese Studie insbesondere von Bedeutung: der intrinsischen Motivation. Davon wird die im gleichen Atemzug zu nennende Aktivierung der Studenten/Lernenden zu differenzieren sein.

Der zweite Teil – und zugleich die erste Forschungsfrage – beschäftigt sich mit den in der Literatur vorhandenen Kriterien und Anforderungen an spielgestützte Lernplattformen. Als Methode zur Beantwortung dieser Forschungsfrage wir also Literaturrecherche betrieben. Im ersten Abschnitt werden die Lernplattformen behandelt. Das Hauptaugenmerk gilt dabei den von Schulmeister aufgestellten Kriterien für Lernplattformen, dessen Werk „Lernplattformen für das virtuelle Lernen: Evaluation und Didaktik" bereits über 300mal zitiert wurde (Suche über google scholar, 2012) und einen erheblichen Stellenwert in dieser Thematik aufweist. Anschließend wird das Digital Game Based Learning als eine Variante der Lernplattformen betrachtet. Hier geht es hauptsächlich um die Charakteristiken und Prinzipien digitaler Lernspiele. Außerdem findet eine Genreeinteilung statt. Kern der Literaturrecherche über das DGBL bildet eine Übersicht der Anforderungen an das DGBL. Abschließend werden zusammenfassend das Potenzial und die Herausforderungen des DGBL herausgearbeitet.

Im dritten Teil der Studie wird eine Befragung an Studenten durchgeführt. Basis der Befragung ist ein Technologie-Akzeptanz-Modell – das UTAUT-Modell (Unified theory of acceptance and use of technology) – welches an das Klientel angepasst wird. In dieser Befragung soll evaluiert werden, welche Anforderungen Studenten an digitale Lernspiele in einer universitären Umgebung stellen. Der Fragebogen ist im Anhang der Studie zu finden.

Im vierten Teil der Studie wird dann ein Konzept zur Integration des Digital Game Based Learning in eine universitäre Plattform vorgestellt. Dies geschieht in Form eines Lastenheftes.

Die Zusammenfassung als Schlusspunkt versucht ein Resümee der Studie zu ziehen und einen Ausblick zu gegeben.

Abbildung 2 soll visualisieren, wie die einzelnen Forschungsfragen und deren Ergebnisse ineinander übergehen.

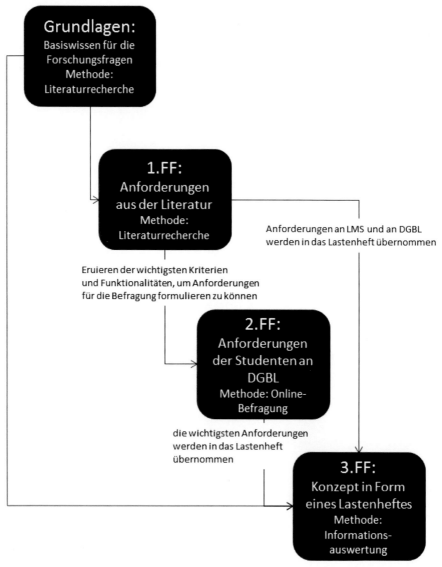

Abbildung 2: Grafische Darstellung der Forschungsfragen
Quelle: eigene Darstellung

4 Grundlagen und Definitionen

Dieses Kapitel schafft die Grundlagen, die für das Verständnis der Studie benötigt werden. Nachdem im ersten Schritt der Ausdruck „E-Learning" erläutert wird, folgt eine Definition der Begriffe „Lernplattform" und „Digital Game Based Learning". Anschließend wird auf die Frage eingegangen, warum Digital Game Based Learning nützlich sein kann und inwiefern die Motivation eine Rolle spielt. Zum Abschluss der Grundlagen werden verschiedene Lerntypen vorgestellt.

4.1 E-Learning

Im Allgemeinen werden unter E-Learning alle Lernformen verstanden, bei denen elektronische Medien zum Einsatz kommen. Da dies eine sehr breite Definition ist, wird im Nachfolgenden der Begriff E-Learning etwas genauer durchleuchtet. Auch bei der genaueren Recherche nach Definitionen zeigt sich, dass sich der Begriff „E-Learning" als sehr umfassend erweist. Eine allgemeingültige Definition scheint nicht zu existieren, jedoch taucht die Definition von Kerres (2008) von der Universität Duisburg-Essen in der Literatur immer wieder auf:

> „E-Learning umfasst alle Formen von Lernen, bei denen digitale Medien für die Präsentation und Distribution von Lehr-/Lernmaterialien und/oder zur Unterstützung zwischenmenschlicher Kommunikation zum Einsatz kommen." (Kerres 2008, S.1)

Diese Definition macht deutlich, dass es im E-Learning-Bereich nicht allein um die Interaktion zwischen Mensch und Maschine geht, sondern, dass das E-Learning insbesondere auch zur Unterstützung zwischenmenschlicher Lernbeziehungen dient.

Weiterhin wird dem E-Learning hohe Vielseitigkeit zugesprochen. Nach Wegener, Prinz und Leimeister (2011, S.3) können Inhalte mittels E-Learning auf verschiedenen Wegen angeboten werden. Der Einzelne kann demnach entscheiden, welche dieser Angebote er wahrnehmen möchte.

Im Glossar der Homepage der Europäischen Kommission lässt sich eine weitere Definition finden, die die räumliche Trennung zwischen den Lernenden und Lehrenden egalisiert:

> „[E-Learning ist die] Verwendung neuer Multimediatechnologien und des Internet zur Verbesserung der Lernqualität durch den Zugriff auf Ressourcen und Dienstleistungen sowie für die Zusammenarbeit und den Austausch über weite Entfernungen hinweg." (Europäische Kommission 2011)

Bei Baumgartner (2002) ist E-Learning ein Oberbegriff für jegliches Lernen, das über Software unterstützt wird. (Baumgartner/Häfele/Maier-Häfele 2002, S.15)

Nicht überraschend ist, dass alle Definitionen die Nutzung von technischen Hilfsmitteln gemein haben. Es fällt jedoch auf, dass unterschiedliche Ansätze genutzt werden, um auf den Begriff E-Learning einzugehen.

Zusammenfassend kann man sagen, dass eine Kombination der genannten Definitionen für die vorliegende Studie Anwendung findet. Grundlage ist das von Baumgartner (2002) erwähnte softwareunterstützte Lernen, das durch verschiedene Multimediatechnologien möglichst alle unterschiedlichen Lerntypen (Wegener/Prinz/Leimeister 2011) erreichen und dabei die Lernqualität erhöhen soll (Europäische Kommission 2011).

Ergänzt man das E-Learning durch verschiedene (synchrone und/oder asynchrone) Kommunikationsmethoden, nähert man sich dem Begriff der Lernplattform, der im folgenden Abschnitt erläutert werden soll.

4.2 Lernplattformen

Als Lernplattformen oder auch Learning-Management-Systeme (LMS) werden Web-basierte Systeme verstanden, die Lerninhalte zur Verfügung stellen. (Baumgartner/Häfele/Maier-Häfele 2002, S.24). Unterschiedliche Lernplattformen variieren sehr stark in ihren Funktionalitäten, weshalb hier nur kurz einige Kernfunktionalitäten erwähnt werden, die auf Schulmeister (2003, S.12) zurückgehen:

- Administration/Benutzerverwaltung
- Kursverwaltung
- Rollen- und Rechtvergabe
- Kommunikationsmethoden
- Werkzeuge für das Lernen

Eine genauere Erläuterung erfolgt später in Kapitel 5.1.

Außerdem kann bereits erwähnt werden, dass der Zugriff zu Lernplattformen sowohl Studierenden, Dozenten als auch beispielsweise administrativen Benutzern gestattet sein soll. (Friedrich/Hron/Töpper 2011, S.1)

In Abbildung 3 wird die Architektur eines Learning Management System in idealtypischer Weise nach Schulmeister (2003, S.11) dargestellt. Nach dieser Darstellung wird ein LMS in drei Schichten eingeteilt. Im Einzelnen sind dies

- eine Datenbankschicht,
  in der alle relevanten Daten (Benutzerdaten, Lernobjekte, etc.) gespeichert werden.
- Eine Schicht mit Schnittstellendefinitionen,
  denn nicht jedes LMS muss zwangsweise alle Funktionalitäten selbst beinhalten. Beispielsweise können Funktionalitäten wie die Authoring-Komponente oder die Kommunikation über externe Programme geregelt werden.
- Eine Schicht, welche die Inhalte für die Benutzer sichtbar macht. (Schulmeister 2003, S.10f)

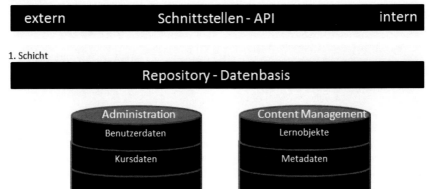

Abbildung 3: Idealtypische Architektur eines LMS
Quelle: eigene Darstellung in Anlehnung an Schulmeister 2003, S.11

4.3 Digital Game Based Learning

Digital Game Based Learning bedeutet mit Hilfe von Computerspielen zu lernen. Von Prensky (2001), einem der meist zitiertesten Autoren in diesem Bereich und nebenbei auch Entwickler von Lernspielen, stammt folgende Definition:

> „So, let us define Digital Game-Based Learning as any learning game on a computer or online." (Prensky 2001, S.146).

Digital Game Based Learning soll sich Prenskys Auffassung nach anfühlen, als würde man ein Computer- oder Videospiel spielen, aber Kontext und Inhalt des Spiels sind so gestaltet, dass der Spielende sich in einer Lernsituation wiederfindet. (Prensky 2001, S.146).

Pongratz (2010, S.11) formulierte Game Based Learning als „Synthese zwischen Wissensvermittlung und Selbstmotivation durch Computerspiele".

Weiterhin formuliert Prensky (2001) das Digital Game Based Learning als eine Art „Ehe" zwischen bildendem Inhalt und Computerspielen. Als Voraussetzung sieht er jedoch, dass das DGBL dabei mindestens den gleichen Lernerfolg erzielt, wie traditionelle Lernmethoden. (Prensky 2001, S.145f). Der Bildungsaspekt steht folglich klar im Vordergrund. Diese Definition wird in dieser Studie als Grundlage verwendet.

Im Weiteren der vorliegenden Studie werden die Begriffe „Digital Game Based Learning" und „Digitales Lernspiel" synonym verwendet.

Digitale Lernspiele können in mehrere Typen eingeteilt werden. Hierzu gehören beispielweise Simulationen und Rollenspiele. Aber auch Actionspiele können als digitale Lernspiele dienen. Eine genauere Auflistung der Typen und deren Lernziele und Inhalte wird in Kapitel 5.2.4 geliefert.

4.4 Warum Digital Game Based Learning?

Für Prensky (2001, S.147) gibt es drei wesentliche Gründe, warum und – vor allen Dingen – wie Lernspiele funktionieren. Zum ersten – und hauptsächlich – ist dies das zusätzliche Interesse oder die zusätzliche Selbstmotivation, die durch das Spielen am Computer geweckt wird. Gerade für Menschen, die Schwierigkeiten mit dem Lernen haben, könnte die Nutzung von Lernspielen von erheblichem Wert sein. Zum zweiten ist da der interaktive Lernprozess, der – je nach Lernzielen – verschieden Formen annehmen kann. Als dritten wesentlichen Grund sieht Prensky (2001, S.147) die Art und Weise, wie die beiden zuerst genannten Gründe als Gesamtpaket umgesetzt werden. Hier gibt es viele Möglichkeiten, wobei es stark von den Begleitumständen abhängt, wie die beste Möglichkeit aussieht.

Habgood (2007, S.14) stellte zwei Hypothesen auf, mit denen man die Verwendung von Lernspielen begründen kann.

Erste Hypothese

"The first hypothesis predicts that intrinsically integrated games are more effective than extrinsically integrated games as a result of creating a deeper connection with the learning content. This deeper connection will create greater engagement with the learning content in fixed time-on-task situations that should result in greater learning gains." (Habgood 2007, S.14)

Zweite Hypothese

„The second hypothesis predicts that intrinsically integrated games are more effective than extrinsically integrated games as a result of creating a superior level of motivational engagement with the game. This superior engagement will lead to a greater amount of playing time in free time-on-task situations that should eventually result in even greater learning gains." (Habgood 2007, S.14)

4.4.1 Motivation

Es soll nun auf den Begriff der Motivation eingegangen werden. Eine Definition liegt allen Ausprägungen der Motivation zugrunde und ist nach Scheffer und Kuhl (2006, S.9) auf Bischof (1985) zurückzuführen:

> „Motivation ist die Abweichung eines angestrebten Zustandes (Sollwertes) von einem aktuellen Zustand (Istwert). Diese Abweichung gibt dem Verhalten Energie, Richtung und Ausdauer."(Scheffer/Kuhl 2006, S.9)

Die Literatur unterscheidet weiterhin zwischen der intrinsischen und der extrinsischen Motivation.

Extrinsische Motivation

Von extrinsischer Motivation spricht man, wenn die Motivation von sozialer und/oder materieller Anerkennung geprägt ist und somit ein äußerlicher Reiz geschaffen wird. Beispiele für die Motivation von außen sind Lohnzahlungen, Schulnoten oder das Suchen von Anerkennung durch andere Personen. Extrinsische Motivation tritt meist durch Aufforderung auf. Ein wichtiger Aspekt ist die Internalisierung, nach der die Personen die Ziele anderer zunehmend als eigene Handlungsziele annehmen. (Hubner 2011, S.9)

Intrinsische Motivation

Im Gegensatz dazu steht die intrinsische Motivation. Sie entsteht aus dem eigenen Antrieb heraus. Neugier, Spaß und Herausforderungen sind typische Ausprägungen. Die intrinsische Motivation resultiert meist aus Überzeugung; eigene Werte und Ideale, sowie die eigene Auffassung bestimmen, welche Dinge man intrinsisch motiviert angeht. Es werden keine externen Anstöße benötigt, um die Handlungen auszuführen. (Scheliga 2011, S. 7)

Fünf Quellen der Motivation

In Abbildung 4 werden die fünf Quellen der Motivation zuerst einmal mit Beispielen visualisiert und anschließend genauer erklärt.

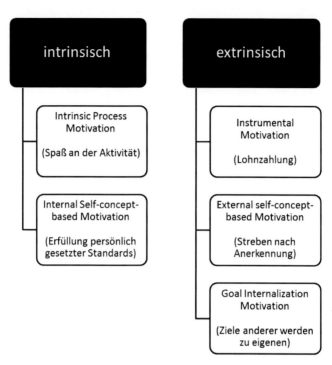

Abbildung 4: Fünf Quellen der Motivation
Quelle: eigene Darstellung nach Barbuto und Scholl (1998)

Barbuto und Scholl (1998, S.1ff) setzten sich ebenfalls mit der extrinsischen und intrinsischen Motivation auseinander und definierten die fünf Quellen der Motivation. Zwei der fünf Quellen sind Treiber der intrinsische Motivation: Die „Intrinsic Process Motivation" und die „Internal Self-concept-based Motivation". Erstere ist mit dem Wunsch nach Spaß an der Aktivität an sich begründet, während die zweitgenannte danach strebt, die sich persönlich gesetzten Standards zu erfüllen. Die extrinsisch geprägten Quellen sind die „Instrumental Motivation", die „External self-concept-based Motivation" und die „Goal Internalization Motivation". Die „Instrumental Motivation" ist wahrscheinlich die stärkste Kraft der äußerlich geprägten Motivation. Sie wird durch den Anreiz von materiellen Gütern bestimmt, was in den meisten Fällen eine finanzielle Entlohnung ist. Bestes Beispiel ist hier – wie oben schon angesprochen – die Lohnzahlung. Die „External Self-concept-based Motivation" basiert darauf von anderen Individuen oder Individuen-Gruppen akzeptiert zu werden und deren Erwartungen an einen selbst zu erfüllen. Bei der letzten extrinsischen Quelle von Barbuto und Scholl (1998) – die „Goal Internalization Motivation" – beeinflussen die Ziele anderer Individuen das eigene oder werden sogar vollständig übernommen. Dies geschieht dann, wenn die Ziele annährend deckungsgleich sind. Sie werden zu einer Art Gruppenziel, was zu einer Motivationssteigerung führt.

4.4.2 Aktivierung der Lernenden

Aktivierung bedeutet hier die Lernbereitschaft von Studenten herzustellen. Hierbei ist vor allem wichtig, die Lernenden dazu zu bewegen, sich auf Lernspiele überhaupt einzulassen. Die Studenten sollen aus eigenen Stücken tätig (lernbereit) werden. Bei der Aktivierung der Lernenden geht es darum, die intrinsische Motivation - also die Selbstmotivation – anzusprechen, beziehungsweise zu erhöhen. Dies ist aus einem einfachen Grund wichtig: Als ein selbstmotivierter Lernender ist man viel konzentrierter bei der Sache. Konzentration, Enthusiasmus, Interesse, Identifikation mit dem eigenen Tun – d.h. in diesem Fall dem Lernen – sind positive Eigenschaften, die mit hoher Lernbereitschaft einhergehen, welche durch Selbstmotivation angetrieben wird. Diese Eigenschaften sind zwar bei Lernenden im Unterricht relativ selten zu finden, jedoch wesentlich häufiger bei Computerspielern. (Schwan 2006, S. 2)

Digital Game Based Learning findet dort statt, wo die Bereitschaft zu Lernen und die Lerneffekte sehr hoch sind. Abbildung 5 soll dies verdeutlichen. Das dort erwähnte Computer-based Training (CBT) wird in Tabelle 1 noch genauer angesprochen.

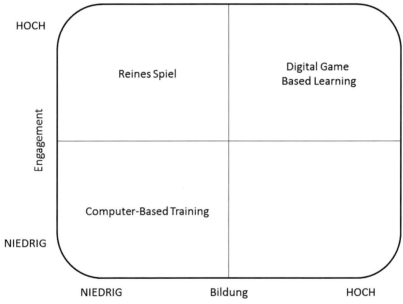

Abbildung 5: Engagement and learning
Quelle: eigene Darstellung in Anlehnung an Prensky 2001, S. 149

Es ist durchaus möglich Eigenschaften von Computerspielen zu nutzen, um die Motivation des Lernenden positiv zu beeinflussen.

4.5 Verschiedene Lerntypen

Gerade in Bezug auf die Integration von DGBL in eine universitäre Lernplattform ist zu beachten, dass die Literatur verschiedene Lerntypen unterscheidet. Es ist wichtig, die verschiedenen Lerntypen zu beachten, um bei der Integration des Digital Game Based Learning in eine universitäre Lernplattform auf diese eingehen zu können. Auch wenn im Studium nicht immer auf jeden Lerntyp eingegangen werden kann – schon gar nicht in der Vorlesung – so kann doch wenigstens versucht werden, in einer Lernplattform mittels DGBL den verschiedenen Lerntypen Entfaltungsmöglichkeiten zu bieten.

Im Wesentlichen geht die Theorie der Lerntypen auf Vester (2011) zurück, der Lerntypen in vier Kategorien einteilt (Vester 2011, S.51). Dies sind

- der **auditive Lerntyp**, der „durch Hören und Sprechen" versucht den Lernstoff zu verstehen,
- der **optische/visuelle Lerntyp**, der „durch das Auge, durch Beobachtung und Experiment" Dinge begreift,
- der **haptische Lerntyp**, der durch den Tastsinn, d.h. durch Anfassen und Fühlen lernt,
- und der **intellektuelle Lerntyp**, der das Wissen rein über seinen Intellekt, beispielsweise über Formeln erlernt.

Vesters Theorie über die Lerntypen wird nicht ganz unkritisch gesehen. Looß (2001, S.2ff) weist darauf hin, dass Vester die Lerntypen aufgrund deren Wahrnehmungskanal unterscheidet. Dies treffe jedoch nicht auf den intellektuellen Lerntyp zu. Außerdem sei durch diese Einteilung unterstellt, dass den ersten drei Lerntypen der Intellekt fehle.

Unstrittig ist jedoch, dass verschiedene Lerntypen existieren und auf deren Art und Weise zu lernen eingegangen werden sollte. DGBL mag nicht für jeden Lerntyp die effektivste Art sein, sich Wissen anzueignen. Es sollte jedoch durchaus möglich sein Lernspiele so anzupassen, dass sie für eine möglichst hohe Zahl an Studenten eine Lern-Erleichterung sind.

5 Kriterien, Prinzipien und Anforderungen an Lernplattformen und digitale Lernspiele

Die erste Forschungsfrage dieser Studie lautet „Welche Kriterien, Prinzipien und Anforderungen an Lernplattformen und digitale Lernspiele zeigen sich in der Literatur?". Sie beschäftigt sich mit den Anforderungen und Kriterien an Learning Management Systemen (in dieser Studie auch als Lernplattformen bezeichnet) und spiel-basiertem Lernen. Zuerst wird auf die Learning Management Systeme eingegangen. Im zweiten Schritt werden die Digitalen Lernspiele behandelt.

5.1 Lernplattformen

Als Grundlage für die Kriterien von Learning Management Systemen wird Literatur von Schulmeister (2003) herangezogen. Dabei werden wichtige Funktionalitäten von Lernplattformen herausgearbeitet.

5.1.1 Kriterien für Learning Management Systeme nach Schulmeister

Schulmeister (2003, S.10) nennt 5 Funktionsbereiche von Learning Management Systemen, die er als erforderlich ansieht, um die LMS von anderen Software-Systemen zu unterscheiden. Diese Bereiche sind:

- Eine Benutzerverwaltung
- Eine Kursverwaltung
- Eine Rollen- und Rechtevergabe mit differenzierten Rechten
- Kommunikationsmethode und Werkzeuge für das Lernen
- Die Darstellung der Kursinhalte in einem netzwerkfähigen Browser

Innerhalb dieser Funktionsbereiche unterscheidet Schulmeister (2003, S.55ff) weitere Funktionen, die je nach Einsatz des LMS unterschiedlich gewichtete Bedeutungen haben können. Im Folgenden werden diese Funktionen kurz beschrieben. Dabei wird jedoch auf die Bewertung – wie sie Schulmeister vornimmt – verzichtet, da die von ihm vorgenommenen Bewertungen speziell für die Hochschule Hamburg angepasst wurden. Aus diesem Grund werden hier die als Unterscheidungsmerkmal dienenden Funktionen als Kernfunktionalitäten angesehen. Die weiteren Funktionen werden zwar gesondert aufgeführt, was aber nichts über deren Wichtigkeit im Vergleich zu den Kernfunktionalitäten aussagen soll. Eine exakte Bewertung der einzelnen Funktionen ist erst dann möglich, wenn das genaue Einsatzszenario des Learning Management System feststeht.

5.1.1.1 Kernfunktionalitäten

Benutzerverwaltung

Der Benutzerverwaltung wird als wichtigstes Kriterium die Datenmobilität zugesprochen. Für Schulmeister bedeutet dies zum einen, dass vorhandene Benutzer und Benutzerdaten problemlos in Interaktion mit anderen Lernplattformen importiert und exportiert werden können. Des Weiteren sollen die vorhandenen Benutzerdaten leicht in Kurse übernommen werden können, für die sich ein Lernender einschreibt. Mindestens genauso wichtig ist das Vorhandensein der Daten in einer für die gesamte Hochschule geltenden Verwaltungssoftware. Schulmeister bezeichnet diese Eigenschaften der Benutzerverwaltung auch als „Migration der Benutzerdaten" (2003, S.78)

Kursverwaltung

Hier gilt Ähnliches wie bei dem Kriterium der Benutzerverwaltung, nämlich die Mobilität und Portabilität – d.h. unter anderem die Möglichkeit von Import und Export – der Daten. Das bedeutet, dass nicht nur unter den Kursen allein Daten im- und exportierbar sein müssen, sondern eventuell auch plattformübergreifend. Dieser Fall tritt beispielsweise dann ein, wenn Gemeinschaftsprojekte mit anderen Hochschulen verwaltet werden müssen. Weiterhin besteht die Möglichkeit, dass Pädagogen für ihre angebotenen Lehrveranstaltungen andere Plattformen nutzen (möchten). Auch hier soll die Datenmobilität gegeben sein.

Rollen- und Rechtevergabe mit differenzierten Rechten

Ein weiteres essentielles Kriterium jeder Lernplattform ist die Einteilung der registrierten Benutzer in Rollen und die damit verbundene Rechtevergabe an die jeweilige Rolle. Als wichtigste Rollen werden Administrator, Autor oder auch Dozent, Tutor und Studierender angesehen. Wünschenswert nach Schulmeister ist auch die Möglichkeit der Gruppenbildung innerhalb einer Rolle.

Kommunikationsmethoden

Ebenso als eine Kernfunktionalität gilt die Kommunikation der Lernenden untereinander, aber auch mit Pädagogen. Dafür sollen verschiedene Mittel zur Verfügung gestellt werden. Schulmeister (2003, S.85) sieht hier als unbedingt notwendige Kommunikationsmittel Foren und Chats an, wobei große Qualitätsunterschiede bei der Platzierung der Kommunikationsmittel auftauchen. So ist es zum Beispiel von Vorteil, wenn einzelne Foren auch nur in den Bereichen der Lernplattform benutzbar sind, in denen sie auch Sinn machen. Dass Emails direkt aus der Plattform heraus zu schreiben sind, sieht Schulmeister als einen weiteren Vorteil an.

Browserbasierte Darstellung

Selbstverständlich und unabdingbar ist die Darstellung der Kursinhalte, Lernobjekte und Medien in einem netzwerkfähigen Browser.

5.1.1.2 Weitere Funktionalitäten

Sicherheit

Sicherheit spielt bei Onlineportalen mit sensiblen Daten immer eine Rolle und wird deswegen auch bei Lernplattformen als sehr wichtig erachtet. Vor allem geht es hier um Methoden für die Authentifizierung der Benutzer und für die Verschlüsselung der Daten.

Online-Registrierung

Dem Benutzer soll es gestattet sein, sich selbst online für Kurse registrieren und eintragen zu können. Gleichzeitig muss die Teilnehmerzahl der Kurse kontrolliert werden und bei Kursen mit Teilnehmerbeschränkungen diese auch automatisch eingehalten werden.

Medien

Die Integrierbarkeit von Medien stellt ein weiteres sehr wichtiges Kriterium dar. Hierbei geht es hauptsächlich um die folgenden Formate: Text, Bilder, Filme, Grafiken, Audio, Animationen, interaktive Übungen beispielsweise bestehend aus HTML5- oder Java-Anwendungen.

Sprachen und Zeitzonen

Die Lernplattform sollte eine Mehrsprachigkeit des Interfaces aufweisen können. Mindestens Deutsch und Englisch sollten aufzufinden sein, mehrere Sprachen seien nach Schulmeister (2003, S.81) wünschenswert. Internationale Zeitzonen sollten unterstützt werden, um auch im Ausland befindlichen Lernenden die sichere Möglichkeit für die Einhaltung von Fristen zu ermöglichen.

Design

Es sollte der Hochschule möglich sein, ihr Corporate Design auch innerhalb der Lernplattform erhalten zu können. Dies bedeutet Anpassung der Farbe, Aufteilung der Seiten, Platzierung der Menüs etc. realisieren zu können.

Didaktik

Hier werden hauptsächlich die den Lernenden zur Verfügung stehenden Werkzeuge bewertet. Annotationen, Notizen und Lesezeichen wiegen bei Schulmeister (2003, S.82) schwerer als für ihn optionale Werkzeuge wie Kalender, individuelles Glossar, individuelle Homepage oder eine History. Eine Sitemap, die Struktur und Gliederung der Kurse sichtbar macht, wäre von Vorteil. Als wirklich wichtig werden die zwei folgenden Punkte durch Schulmeister (2003, S.82) herausgestellt:

- Eine individualisierte Startseite für jeden Lernenden, auf der alle Kurse und Seminare auf einen Blick aufgelistet werden und diese virtuellen Räume dann von dort auch erreichbar sind.
- Die Möglichkeit für die Lernenden eigene Inhalte in die Plattform hochzuladen oder einzubinden, um das Arbeiten in Gruppen zu erleichtern.

Quiz und Test

Schulmeister (2003, S.84) ist der Auffassung, dass nicht nur Quiz und Tests in eine Lernplattform eingebunden werden sollten, sondern vielmehr auch „freie Rückmeldemethoden" (Schulmeister 2003, S.84) integriert werden. Die Verbreitung dieser Rückmeldemethoden ist seiner Meinung nach noch viel zu gering. Da Schulmeister nicht weiter auf Quiz und Tests eingeht, wird hier davon ausgegangen, dass damit rein textbasierte Abfragen gemeint sind.

Werkzeuge für das Lernen

In diese Kategorie fallen Werkzeuge, die Studenten und Lehrenden zur Verfügung stehen sollen. Dies sind beispielweise eigene Annotationen, Lesezeichen, Kalender und eine Erinnerungsfunktion. Explizit für Studenten und als wichtig sieht Schulmeister ein Portal und die Möglichkeit des Publizierens eigener Inhalte an.

Evaluation und Statistik

In diesem Punkt sollen Auswertungen über Benutzerdaten, Nutzerverhalten und Erstellung von Statistiken über das Abschneiden in Tests möglich sein.

Technologie & Technik

Hier ist unbedingt darauf zu achten, dass – sowohl bei der Server-Technologie als auch bei den Betriebssystemen der Clients – möglichst viele Systeme abgedeckt werden. Insbesondere wird aber Wert auf Linux, Windows und Mac OSX gelegt. Es muss den Nutzern der Lernplattform ermöglicht werden, egal von welchem System aus, „mit gleichem Erfolg und Ergebnis" (Schulmeister 2003, S.89) auf die Plattform zuzugreifen. Mit dieser Vorgabe sind heute auch Betriebssysteme für mobile Endgeräte, z.B. Android, iOS und Windows Phone zu berücksichtigen.

Support

Ein Augenmerk sollte auch darauf gerichtet werden, inwieweit die Plattform vom Hersteller auch in Zukunft unterstützt wird. Allerdings ist es im Vorhinein schwer vorauszusehen, wie gut der Support einer Firma ist. Anzeichen, die zeigen können, wie gut oder schlecht der Support ist, sind die Anzahl der Kunden, Installationen des Herstellers, etc.

Anschaffungskosten/Lizenzkosten

Ein wichtiger Gesichtspunkt sind die Lizenzkosten für die Lernplattform, die in drei verschiedene Typen eingeteilt werden können. Bei den kommerziellen Lernplattformen gibt es zum einem die Lizenz pro Lernendem/Studierendem, zum zweiten eine pauschale Campuslizenz und zu guter Letzt Lizenzen, die nach Mandanten berechnet werden. Am Beispiel der Lernplattform „moodle" ist aber auch zu sehen, dass sich Lernplattformen mit freien Lizenzen immer größerer Beliebtheit erfreuen (moodle.org 2012). Hier muss jede Hochschule für sich selbst abwägen, welches Lizenzmodell am besten zu ihr passt.

5.2 Digital Game Based Learning

Im Folgenden wird eine Verbindung zwischen den Lerntheorien (Behaviorismus, Kognitivismus, Konstruktivismus) und dem Lernprozess bei digitalen Lernspielen hergestellt. Weiterhin werden Charakteristiken und Typen digitaler Lernspiele herausgearbeitet, um daraus anschließend Anforderungen formulieren zu können.

5.2.1 Der Lernprozess bei digitalen Lernspielen

Zuerst soll kurz auf die verschiedenen Lerntheorien eingegangen werden, um zu zeigen, wie der Lernprozess beim Digital Game Based Learning einsetzen kann. Baumgartner und Payr (1997, S.1ff) unterscheiden zwischen drei Lerntheorien: dem Behaviorismus, dem Kognitivismus und dem Konstruktivismus.

Behaviorismus

Der Behaviorismus begründet sich auf ein Reiz-Reaktions-System. Hierbei wird davon ausgegangen, dass die „Lehrenden wissen, was die Lernenden zu Lernen haben" (Baumgartner/Payr 1997, S.2). Bei den Lernenden soll ein geeigneter Reiz gesetzt werden, der dann wiederum eine bestimmte Reaktion hervorrufen soll. Ihnen ist also nur eine passive, reaktive Rolle zugedacht. Genauer gesagt wird bei behavioristischen Lernprozessen ein reflexartiges, körperliches Verhalten antrainiert, weshalb Baumgartner und Payr (1997, S.2) unterstellen, dass der Behaviorismus heutzutage einen schlechten Ruf habe.

Kognitivismus

Beim Kognitivismus stehen die im Bewusstsein ablaufenden Prozesse im Mittelpunkt. Insofern stellt er also eine Art Gegenposition zum Behaviorismus dar. Zentraler Aspekt des Kognitivismus ist es, durch eigenständiges Problemlösen einen Lernerfolg zu erreichen. Es gilt Methoden und Verfahren zur Findung einer Lösung zu erlernen, wobei nicht nur *eine* richtige Lösung existent sein muss, „sondern es können vielmehr verschiedene Verfahren zu optimalen Ergebnissen führen." (Baumgartner/Payr 1997, S.3). Der Lernende ist aktiv gefordert. Allerdings bemängeln die Autoren am Kognitivismus, dass dieser davon ausgeht, dass das zu lösende Problem schon vorgegeben ist und nur noch darauf wartet gelöst zu werden. Der Prozess der Problemerkennung werde stark vernachlässigt.

Konstruktivismus

An dieser Stelle setzt der Konstruktivismus an. Es kommt hier darauf an Probleme zu erkennen und zu konstruieren, um diese mit vorher erlerntem Wissen lösen zu können.

> „Lernen wird im konstruktivistischen Ansatz daher als ein aktiver Prozess gesehen, bei dem Menschen ihr Wissen in Beziehung zu ihren früheren Erfahrungen in komplexen realen Lebenssituationen konstruieren." (Baumgartner/Payer 1997, S.4)

Auch Tulodziecki (1996, S.2ff) spricht von einem behavioristischem, kognitionstheoretischem und konstruktivistischem Ansatz. Sie dienen als Grundlage für Software-Entwicklungen, wobei der behavioristische Ansatz deutlich öfter als die anderen beiden zum Einsatz kommt. Tulodziecki (1996, S.10) hält mehr „kognitionstheoretische und konstruktivistische Ansätze für wünschenswert" (1996, S.10). Dabei wird aber auch betont, dass nicht ein Ansatz allein die beste Lösung sei, sondern alle 3 Theorien ihre Berechtigung haben.

Game Cycle

Garris, Ahlers und Driskell (2002, S.3) entwickelten das Game Cycle Modell (siehe Abbildung 6), welches die Zusammenhänge von Input und Output in einem Lernspiel erklärt.

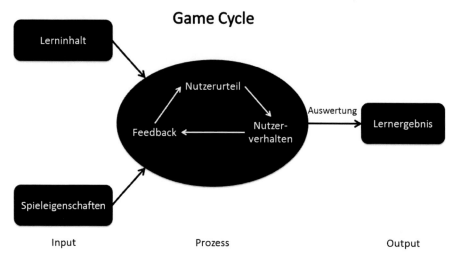

Abbildung 6: Game Cycle Modell
Quelle: eigene Darstellung in Anlehnung an Garris, Ahlers und Driskell 2002, S.3

Lerninhalte und Eigenschaften des Spieles werden als Input angesehen und lösen einen sogenannten Game Cycle aus, der das Zentrum des Modells bildet. In diesem beurteilt der Spieler den Input nach Freude, Spielspaß und Interesse (oder auch Desinteresse) und handelt dementsprechend. Das Handeln zeigt sich in der Beständigkeit und dem Zeitaufwand, der in das Spiel investiert wird. Das System gibt dem Spieler ein Feedback und der Spieler kann erneut beurteilen und wird sein Verhalten dadurch eventuell ändern. Der Zyklus wird mehrere Male durchlaufen, Feedback und Spielerverhalten ändern sich. Durch diese ständige Wiederholung können die Lerninhalte gefestigt und ausgewertet werden wodurch ein Output als Lernergebnis entsteht.

An diesem Modell wird ersichtlich, dass die Logik eines digitalen Lernspiels zu den Lerntheorien des Kognitivismus und des Konstruktivismus passt. Spieler eines digitalen Lernspieles werden zum eigenständigen Problemlösen angeregt. Über das fortwährende Feedback des Systems an den Nutzer und seiner damit verbundenen Anpassung des Verhaltens, erhält dieser eine aktive Rolle im Lernprozess. Computerspiele – und damit auch digitale Lernspiele – sind also in der Lage auf den Lernprozess positiv einzuwirken.

5.2.2 Charakteristiken nach Garris, Ahlers und Driskell

Garris, Ahlers und Driskell (2002, S.4ff) teilen die Charakteristiken eines digitalen Lernspiels in folgende 6 Kategorien ein:

- Fantasie
- Regeln & Ziele
- Sinnesreize
- Herausforderung
- Rätsel und
- Kontrolle

Es soll nun detaillierter auf die jeweiligen Kategorien eingegangen werden:

Fantasie

Die Spieler eines digitalen Lernspiels befinden sich während des Spiels in einer fiktiven Welt. Alle Handlungen, die im Spiel ablaufen, haben keinen Einfluss auf die Realität. Damit wird es den Spielern unter anderem ermöglicht risikoreichere Entscheidungen zu treffen, die in der wirklichen Welt so nicht getroffen würden. Der mögliche Lerneffekt der daraus entsteht, weil die Konsequenzen des risikoreicheren Handelns neue Erkenntnisse bringen können, würde folglich in der Realität nicht beobachtet werden können. Weiterhin kann die Fantasie das Interesse der Spielenden an der Thematik des digitalen Lernspiels erhöhen. Wie in den vorherigen Kapiteln bereits erwähnt steigt mit höherem Interesse am Lernspiel auch die Selbstmotivation und somit der Lernerfolg.

Regeln & Ziele

Obwohl die Fantasie eine große Rolle bei Lernspielen spielt und ihr ja bekanntlich keine Grenzen gesetzt sind, müssen Lernspiele gewisse Regeln beinhalten. Durch Regeln wird der Weg zum Lernziel des Spiels geebnet, d.h. der Spieler wird durch die Regeln auf seinem Weg zum Lernziel geleitet. Auch die Ziele müssen klar definiert sein. Wenn Ziele vorgegeben sind, kann der Spieler eventuelle Abweichungen vom Lernziel besser erkennen und sein Spielverhalten ändern, damit das Lernziel möglichst genau erreicht wird.

Sinnesreize

Huffaker (2003, S.10) stellt fest, dass es die richtige Mischung multimedialer Bestandteile ist, die den Erfolg oder Misserfolg von E-Learning ausmacht. Dies beginnt bei simplen Kombinationen von Text und Grafik und geht weiter bis zu Echtzeit-Simulationen, die studentischen Ansprüchen genügen müssen. Der Einsatz lediglich eines multimedialen Bestandteils kann wieder sehr schnell Langeweile erzeugen.

Herausforderung

Spieler benötigen eine gewisse Herausforderung oder einen bestimmten Schwierigkeitsgrad. Ist das Spiel zu leicht, geht das Interesse schnell verloren, die Motivation schwindet. Ebenso verhält es sich, wenn die Anforderungen des Spiels zu hoch sind. Belastung und Belastbarkeit des Spielers müssen ausgewogen sein, damit er den von Csikszentmihalyi (2010, S.332 ff) so genannten Flow-Kanal erreichen kann. Abbildung 7 soll dies verdeutlichen.

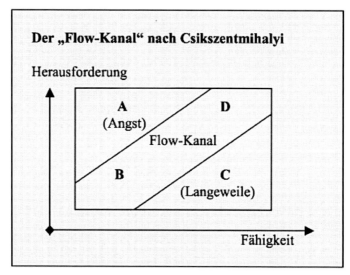

Abbildung 7: Der Flow-Kanal nach Csikszentmihalyi
Quelle: Laszlo 2000, S.82

Rätsel

Als einen der wichtigsten Faktoren des Lernens sehen Malone und Lepper (1987, S.13f) die Neugier und unterscheiden dabei zwischen der sensorischen Neugier und der kognitiven Neugier. Sensorische Neugier wird beispielsweise durch Multimedia-Effekte hervorgerufen, während kognitive Neugier im Prinzip der Wunsch nach Wissenserlangung ist. Genau diese beiden Arten von Neugier sollen bei den Spielern durch Rätsel im Lernspiel hervorgerufen werden. Dabei ist unbedingt darauf zu achten, dass die Neugier auch befriedigt wird, denn sonst kann ähnlich wie beim Aspekt der Herausforderung Langeweile oder Frustration auftreten.

Kontrolle

Mit Kontrolle benennen Garris, Ahlers und Driskell (2002, S.7) die Fähigkeit des Spielers Dinge im Spiel zu lenken oder etwas zu regulieren. Aber auch die Möglichkeit Autorität auszuüben oder Befehle zu erteilen ist damit gemeint. Die Literaturrecherche von Garris, Ahlers und Driskell (2002, S.1ff) zeigte, dass die Spieler höher motiviert waren, wenn sie selbst Kontrolle über das Spiel hatten und nicht nur den Anweisungen des Spiels bzw. Programms folgen mussten.

5.2.3 Prinzipien digitaler Lernspiele nach Gee

Gee (2005, S.4) hat eine Liste veröffentlicht, in der er Grundlagen für pädagogisch wertvolle Computerspiele vorstellt: „The stronger any game is on more of the features on the list, the better its score for learning." (Gee 2005, S.4). Je mehr Grundlagen in einem Spiel beachtet werden/vorhanden sind, desto höher ist die motivierende Wirkung des Spiels. Diese Checkliste wird in 3 Sektionen aufgeteilt: (i) Empowered Learners, (ii) Problem Solving und (iii) Understanding.

5.2.3.1 Empowered Learners

Die folgenden 4 Punkte sollen den Spielern eines Lernspiels Handlungsspielräume eröffnen

Co-design

Um das Lernen in Spielen zu fördern, sollten sich die Spieler nicht nur als Konsument fühlen sondern als „Produzenten" mit an den Lerninhalten beteiligt sein. D.h., dass sie durch ihre Entscheidungen einen Einfluss auf das Spielgeschehen haben sollen.

Customize

Das Spiel soll an die verschiedenen Spielertypen (und damit auch Lerntypen) anpassbar sein. Nicht jeder hat die gleich Art und Weise zu spielen und erst recht nicht zu lernen, weswegen die Möglichkeit verschiedener Stileinstellung gegeben sein sollte.

Identity

Wenn man es den Spielern ermöglicht andere Identitäten während des Spielens anzunehmen, kann man damit den Spieler von Zwängen oder Hemmungen befreien. Diese Identitäten müssen selbstverständlich nichts mit dem realen Leben gemeinsam haben. Studenten könnten beispielsweise während eines Lernspiels als leitender Angestellter oder gar Chef eines Unternehmens Entscheidungen treffen, die im realen Leben niemals so getroffen werden würden. Einerseits kann man so herausfinden, welche Konsequenzen bestimmte Entscheidungen nach sich ziehen. Andererseits findet man heraus, ob man überhaupt in der Lage ist wichtige Entscheidungen zu treffen.

Manipulation and Distributed Knowledge

Gee (2005, S.9) ist der Meinung, dass sich Menschen gestärkter und motivierter fühlen, wenn man ihnen die Möglichkeit gibt, Dinge zu manipulieren (Einfluss auf etwas zu nehmen). So sollte dies folglich auch den Spieler ermöglicht werden.

5.2.3.2 Problem Solving

In Lernspielen werden Studenten mit Problemen konfrontiert, die es zu lösen gilt. In diesem Abschnitt werden die von Gee (2005, S.12ff) vorgeschlagen Prinzipien zum Lösen eines Problems angesprochen.

Well-Order Problems

Lernenden sollen Hinweise präsentiert werden, wie die anfangs noch leichten Probleme zu lösen sind. Es soll versucht werden Herangehensweisen und Lösungsprinzipien zu vermitteln. Es findet damit eine gewisse Vorstrukturierung statt. Die Herangehensweisen können dann auf die im Laufe des Lernspiels immer schwerer werdenden Probleme angewandt werden.

Pleasantly Frustrating

Dieses Prinzip nach Gee lautet, dass Lernen am besten funktioniert, wenn es angenehm frustrierend ist (Gee 2005, S.13). Das soll heißen, dass die Aufgaben in Lernspielen nicht zu leicht zu lösen sein dürfen, sondern die Lernenden mit schweren – aber lösbaren – Aufgaben gefordert werden müssen. Durch kontinuierliches positives Feedback soll die Motivation erhalten bleiben.

Cycles of Expertise

Fachwissen eignet man sich dadurch an, dass Lerninhalte so lange wiederholt werden, bis sie automatisch abgerufen werden können. Hat man sich einen gewissen Grad an Wissen angeeignet, kann man zur nächst höheren Wissensebene aufsteigen und sich die nächsten Lerninhalte aneignen. Auch diese werden sooft wiederholt, bis das Wissen schnell abrufbar ist. Gee (2005, S.15) nennt diese Wiederholungen die „Cycles of Expertise". Das gleiche Prinzip soll für Lernspiele gelten. Man kann verschiedene Ebenen mit abschließendem Test einbauen. Bei Bestehen des Tests steigt man in die nächsthöhere Ebene auf und bekommt neue Lerninhalte präsentiert.

Information "On Demand" and "Just in Time"

Wichtige Informationen sollen in Lernspielen erst an geeigneter Stelle ausgegeben werden. Spieler eines Lernspieles sind meist überfordert, wenn alle Regeln und Instruktionen vor Spielbeginn ausgegeben werden, denn auch hierdurch kann die Motivation wieder deutlich verringert werden.

Fish tanks

Ein Aquarium stellt ein vereinfachtes Ökosystem dar, das gerade durch die Vereinfachung auch Interaktionen verschiedener Variablen eines viel komplexeren Ökosystems erklären kann. Gee (2005, S.18f.) merkt an, dass man diese simplifizierende Darstellung auch auf das Lernen anwenden kann. Das soll heißen, dass man komplexe Lerninhalte in einem vereinfachten System darstellen sollte, um Lernenden, die mit der Komplexität der Lerninhalte eventuell überfordert wären, grundlegende Zusammenhänge beizubringen.

Sandboxes

Sandkästen stellen für Kinder einen Raum dar, der sicher und ohne Gefahren für sie ist, aber dennoch Teil der Realität. Lernspiele sollen Lernenden ein ähnliches Gefühl vermitteln. Das soll heißen, dass das Lernspiel zwar die Realität widerspiegelt, dass das Handeln in einem Lernspiel aber keine gefährlichen Konsequenzen in der realen Welt nach sich zieht.

Skills and Strategies

Einen bestimmten Wissensstand zu erreichen bedeutet ständiges Wiederholen von Lerninhalten, was auf die meisten Lernenden aber eher demotivierend wirkt. Um dieser Demotivierung entgegenzuwirken, soll für die Lernenden die dahinter stehende Strategie erkennbar sein. Der Zusammenhang warum und mit welchem Ziel diese Wiederholungen wichtig sind, soll verstanden werden.

5.2.3.3 Understanding

System Thinking

Lernende sollen verstehen, wie die zu erlernenden Fähigkeiten in das Gesamtziel (Gesamtsystem) passen. Dabei muss darauf geachtet werden, dass die zu erfüllenden Aufgaben in Lernspielen ausreichend begründet werden. Der Punkt „System Thinking" ist dem Punkt „Skills and Strategies" sehr ähnlich.

Meaning as action image

Zu lernende Dinge bleiben einem besser im Gedächtnis, wenn man sie selbst schon mal erlebt hat. Gee (2005, S.25) führt als Beispiel eine Hochzeit an. Jeder weiß, was eine Hochzeit ist, aber nicht deswegen, weil man darüber gelesen hat. Der Grund, dass man das Wort „Hochzeit" mit etwas verbindet, sind die selbst gemachten Erfahrungen. Bei einem Lernspiel kann man sich das zu Nutze machen, indem Lerninhalte mit Handlungen aus der Realität verknüpft werden.

5.2.4 Genreeinteilung

Digitale Lernspiele werden mittlerweile für alle Spielgenres entwickelt und können prinzipiell in die gleichen Kategorien/Genres eingeteilt werden, wie „normale" Computerspiele auch. (Lampert/Schwinge/Tolks 2009, S. 3) Zu Beginn wird kurz eine allgemeine Einführung in die verschiedenen Genres gegeben, die Schwan (2006, S.3) folgendermaßen einteilt:

Action-Spiele

Schwan (2006, S.3) teilt in die Kategorie Action-Spiele alle Computerspiele ein, bei denen es „vorwiegend auf Geschicklichkeit und Reaktionsschnelligkeit ankommt". Ego-Shooter, Autorennspiele und Jump´n´Runs sind genannte Beispiele. Es wird erwähnt, dass es bei dieser Art von Computerspielen keine intellektuellen Höchstleistungen erwartet werden.

Abenteuer-Spiele

In Abenteuer-Spielen sind in einer meist fiktiven Umgebung Aufgaben und Rätsel zu lösen, bei denen der Intellekt gefordert wird. Der Spieler schlüpft während des Spiels in die Rolle einer anderen Person. Dieser Aspekt lässt deshalb auch die Einteilung der Rollenspiele als Unterkategorie der Abenteuerspiele zu.

Puzzles

Puzzles sind wohl eine der ältesten Formen von Computerspielen. Als Paradebeispiel ist hier „Tetris" zu nennen. Diese simple Form von Computerspielen scheint aufgrund ihrer Einfachheit aber weniger als Lernspiel vor universitärem Hintergrund geeignet.

Simulationen

Simulationen kommen Computerspielen in der Funktion als Lernspiel wohl am nächsten, was auch die Einteilung von Meier und Seufert (2003, S.7) in Tabelle 1 zeigt. Das Genre der Simulationen überschneidet sich teilweise auch mit den Abenteuer-Spielen, da auch hier in verschiedene Rollen geschlüpft werden kann. Simulationsspiele finden in einer Umgebung statt, die sehr realitätsnah ist, und werden oft auch als Planspiele bezeichnet.

Typen digitaler Lernspiele nach Meier und Seufert

Meier und Seufert (2003, S.7) gehen bei ihrer Einteilung weniger auf Computerspiele im Allgemeinen ein, sondern konkretisieren ihre Einteilung in Bezug auf Lernspiele. So kommen sie auf sieben verschiedene Typen, die in Tabelle 1 detailliert dargestellt werden. Die Merkmale zur Unterscheidung sind die Sichtbarkeit von Lernzielen, die vermittelbaren Inhalte und die primär eingesetzten Motivatoren. Man kann sagen, dass Spielspaß vom Computer Based Training/Web Based Training bis hin zu den Abenteuer-Lernspielen und sonstigen Computerspielen stetig zunimmt. Andererseits nimmt aber der Lernfaktor auch stetig ab. Beispielsweise dienen CBT/WBT hauptsächlich dem Wissenserwerb während Abenteuer-Lernspiele einen höheren Unterhaltungsfaktor aufweisen können.

	CBT / WBT	Planspiel / Simulation	CBT / WBT mit Spielelementen	Quizz, Memory, Solitaire, etc.	Virtuelle Lernwelt	Abenteuer-Lernspiel	sonstige Spiele
Sichtbarkeit von Lernzielen	klar definierte Lernziele; didaktisch orientierter Aufbau;	klar definierte Lernziele; didaktisch orientierter Aufbau;	klar definierte Lernziele; ansprechende Story & Charaktere;	klar definierte Aufgabe;	wenig vorstrukturiertes & entdeckendes Lernen;	Integration von Spielhandlung und Didaktik;	unbemerktes, nicht geplantes Lernen (bzw. "heimlicher Lehrplan");
Vermittelbare Inhalte / Kompetenzen	v.a. wissensorientierte Inhalte ("know that")	v.a. Handlungskompetenz & systemische Zs.hänge ("know how"; "know why")	v.a. wissensorientierte Inhalte ("know that")	Abruf / Überprüfung von Gelerntem ("know that")	Orientierungsverhalten; wissensorientierte Inhalte ("know that"); Handlungskompetenz ("know how");	v.a. wissensorientierte Inhalte ("know that"); Handlungskompetenz ("know how");	v.a. kognitive & sensumotorische Fertigkeiten; Medienkompetenz

Motivation vor allem durch	erwarteter Lernerfolg; Zertifikat;	erwarteter Lernerfolg; Rollen-übernahme & Neugier-de; Kontext / Story	erwarteter Lernerfolg; Kontext / Story; Spiel-/ Spaßele-mente	Unmittelba-re Rück-meldung (Erfolg);	Neugierde; Erfolgs-erlebnisse beim Auf-gaben-Lösen; Kontext & Charaktere;	Eigendy-namik des Spiels; erwarteter Lernerfolg;	Eigendy-namik des Spiels (Spaß, Spannung)
Beispiel	"MySQL für Einstei-ger"	"TopSIM Logistics"	"Das Ver-mächtnis des Amun"	"Know-Car"; "The Challenge"	"Mathica", "Addy-Serie"	"The Mon-key Wrench Conspi-racy"	"Tomb Raider"

Tabelle 1: Typen digitaler Lernspiele
Quelle: Meier und Seufert 2003, S.7

5.2.5 Anforderungen an DGBL

Wie im vorigen Kapitel bereits aufgeführt, gibt es verschiedene Arten und Genres digitaler Lernspiele. Es scheint selbstverständlich, dass unterschiedliche Arten von Lernspielen auch unterschiedliche Komponenten beinhalten. Um Anforderungen digitaler Lernspiele erarbeiten zu können, soll in diesem Abschnitt zunächst auf diese Komponenten eingegangen werden.

Burgos, Tattersall und Koper (2006, S.3ff) nutzten mehrere Kataloge und Magazine als Grundlage, um verschiedene Hauptkomponenten für digitale Lernspiele herauszufinden. Die Komponenten wurden in einen didaktischen und einen technischen Abschnitt eingeteilt. In Tabelle 2 werden die didaktischen und in Tabelle 3 die technischen Komponenten aufgelistet und erläutert.

Komponenten	Bemerkungen
Eine oder mehrere Lösungen	Es gibt entweder eine oder mehrere zufriedenstel-lende Möglichkeiten das Spiel zu beenden.
Offene oder geschlossene Lösung	Unter mehreren Lösungen wird durch eine interne Auswahl eine Lösung ausgewählt ODER der Benut-zer generiert eine eigene Lösung, die vorher nicht Bestandteil des Lösungspools war.
Individuelle oder kooperative Lösung	Ein oder mehrere Spieler werden zur Lösung des Spiels benötigt.
Gemeinschaftliche oder wettbewerbliche Ausfüh-rung	Die Lösung muss entweder durch Zusammenarbeit der Spieler erarbeitet werden ODER es wird ein Wettbewerb unter den Spielern veranstaltet.
Dynamisches Feedback	Eine Bewertung der Aktionen des Spielers ist vorge-sehen. Dieses Feedback nimmt Einfluss auf das Spiel.
Adaptives Lernen	Abhängig vom Profil des Spielers und seiner Art und Weise zu Spielen werden die Inhalte des Spiels personalisiert.
Stufenweises oder abgetrenntes Lernen	Es gibt entweder progressive Lernebenen oder iso-lierte unabhängige Ebenen.

Tabelle 2: Didaktische Komponenten des DGBL
Quelle: Burgos/Tattersall/Koper 2006, S.3

Komponenten	Bemerkungen
Einzel- oder Mehrspieler-Modus	Es können entweder ein Spieler oder mehrere Spieler zur gleichen Zeit spielen.
Benutzer Gruppierungen ermöglichen	Soll es ermöglichen Ressourcen und Ziele gemeinsam zu nutzen und miteinander zu kommunizieren.
Lokale oder verteilte Ausführung des System	Bei einer verteilten Ausführung muss die Verbindung zu einem Netzwerk oder dem Internet gewährleistet sein.
Synchroner oder asynchroner Betrieb	Die Kommunikation zur Laufzeit soll ermöglicht werden.
Integration von Multimedia-Elementen	Multimedia-Elemente, wie z.B. - in einfachster Form - Audio- und Video-Dateien, werden integriert.
Grafische Unterstützung	Abwägen des Anteils der grafischen Unterstützung. Durch hohe grafische Unterstützung leidet die Performance.
Grafisches Design in 2D oder 3D	Ähnlich wie bei der vorherigen Komponente muss der Nutzen des Designs mit der Performance abgewogen werden.
Vektor- oder Bitmap-Bilder	Illustrationen sind skalierbare Grafiken (ohne Qualitätsverlust) oder Bilder mit fotografischen Eigenschaften-
Einsatz einer Spiel-Engine zur Laufzeit	Entweder wird während des Design der Spielstrukturen alles definiert oder es gibt eine künstliche Intelligenz, die die Berechnungen während des Spiel selbst erledigen kann.
Editierbare oder statische Felder	Felder können ihre Inhalte während des Spiels anpassen.
Personalisierte/anpassbare oder statische Profile	Eigenschaften des Spiels oder des Benutzers können während des Spiels verändert werden.
Speichern und Lesen von externen Daten	Informationen beispielsweise über den Benutzer, den Spieler oder das Spielerverhalten können abgerufen oder gespeichert werden.
Kommunikation mit anderen Anwendungen und Werkzeugen	Während des Spiels können Informationen/Variablen mit anderen Anwendungen ausgetauscht werden.
Interaktion mit der realen Welt	Das Spiel ist entweder ein elektronisches Stand-Alone-Spiel oder es benötigt die Interaktion mit der realen Welt.

Tabelle 3: Technische Komponenten des DGBL
Quelle: Burgos/Tattersall/Koper 2006, S.4

Börner (2007, S.44ff) leitet aus den oben aufgestellten Komponenten sieben Anforderungen an digitale Lernspiele ab, auf die im Folgenden eingegangen werden soll.

Unterstützung kooperativer Lernformen

Lernspiele sollen es den Spielern ermöglichen gemeinsam in einer Gruppe nach einer Lösung des gestellten Problems zu suchen. D.h., dass das Spiel auf verteilten Systemen lauffähig sein sollte, um die Interaktion zwischen den Spielenden zu ermöglichen. Damit ist nicht nur das gemeinsame bearbeiten von Problemen im Sinne eines Multi-User-Modus gemeint, sondern auch die Bereitstellung von Kommunikationsmöglichkeiten beispielsweise per E-Mail, Diskussionsforen oder Chats.

Strukturierung des Lernprozesses

Börner (2007, S.45) unterscheidet bei dieser Anforderung zwischen zwei unterschiedlichen Strukturen. Zum einen erwähnt er das stufenweise Lernen mit aufeinander aufbauenden Lernebenen, den sogenannten Levels eines Lernspiels. Als zweite Struktur nennt er das abgetrennte Lernen. Das bedeutet, dass die Levels unabhängig voneinander bearbeitet und gelöst werden können.

Erstellung individueller Lernprofile

In einem Lernprofil werden – neben der Bewertung der Spieler – nutzerspezifische Eigenschaften und Optionen bestimmt, die im Optimalfall auch während der Laufzeit anpassbar sind. Durch die Erstellung individueller Lernprofile werden die beiden nachstehenden Anforderungen realisiert.

Anpassung des Lernprozesses

Das Anpassen eines Lernprozesses ist gleichzusetzen mit der Flexibilität eines Lernspiels. D.h., dass das Lernspiel so konzipiert sein sollte, dass es sich an veränderte Bedingungen, wie weiterentwickelte Fähigkeiten des Spielers oder Bedürfnisse, anpassen kann. Dazu könnten beispielsweise mehrere Lösungswege zum Ziel führen oder der bereits eingeschlagene Weg angepasst werden, anstatt nur nach einem starr vorgegeben Weg zum Ziel zu leiten. Da die Spieler von Lernspielen unterschiedliche Arten und Weisen haben ein Problem zu lösen, hat die Flexibilität also einen hohen Stellenwert.

Bewertung des Nutzers

Diese Anforderung dient nicht nur dazu den Schwierigkeitsgrad der gestellten Probleme anzupassen, sondern sie sollte dem Benutzer auch fortwährend Feedback geben. Das ermöglicht dem Nutzer eine bessere Selbsteinschätzung seiner Fähigkeiten. Die positiv formulierten Rückmeldungen sollen auch bei der Motivationserhaltung unterstützen und den Spieler bei Laune halten. Wie bereits in Kapitel 4.4.2 erläutert, ist die Aktivierung und Motivation von Lernenden eine Grundvoraussetzung für ein effektives Lernspiel.

Erweiterung der Kommunikationsmöglichkeiten

Es sollte den Spielern ermöglicht werden aus dem Spiel heraus untereinander zu kommunizieren. Gerade in Bezug auf den Aspekt, der kooperative Lernformen unterstützt, ist dies von hoher Bedeutung. Aber nicht nur die Kommunikation der Spieler untereinander, sondern auch die Möglichkeit, dass das Lernspiel mit anderen Anwendungen der gesamten Lernplattform kommunizieren kann, soll hier in Betracht gezogen werden. So wäre es beispielsweise nicht nötig Daten des Spielers manuell einzugeben, denn das Lernspiel wäre in der Lage sich aus den bereits vorhandenen Daten die benötigten Informationen zu holen oder gegebenenfalls zu aktualisieren.

Nutzung multimedialer Elemente

Eine grundlegende und entscheidende Anforderung an Lernspiele ist der Einsatz multimedialer Elemente. Hier gibt es eine Fülle von Möglichkeiten – seien es interaktive Animation, Filme etc. – die auch sinnvoll und angemessen genutzt werden sollten.

5.2.6 Potenziale und Herausforderungen des DGBL

Zusammenfassend sollen im Folgenden einige Potenziale und Herausforderungen des Digital Game Based Learning dargestellt werden. Basierend auf dem in Kapitel 5.1.1.2 vorgestellten Game Cycle Model kann ein großer Vorteil des DGBL benannt werden: Der fortwährende Zyklus aus Nutzerverhalten, Systemantwort und Nutzerbeurteilung/-wertung kann dazu führen, dass die Lernenden ihre Umgebung vergessen, völlig in das Lernspiel vertieft sind und somit in die Lage versetzt werden effektiver zu lernen. Bopp (2005) greift diesen als Immersion bezeichneten Effekt folgendermaßen auf:

> „Computerspiele sind als arrangierte Lernumgebungen darauf angelegt, eine Bewusstwerdung ihres didaktischen Designs wo möglich zu vermeiden, um das Eintauchen ins Spielgeschehen, das zeitweise Vergessen des Selbst und der der Spielumgebung, die sogenannte Immersion bzw. den Spiel-Flow nicht zu gefährden." (Bopp 2005, S.1)

Dass Lernende sich so in den Lernstoff vertiefen, ist vermutlich nicht nur der Wunsch eines jeden, der sich bilden will, sondern auch derjenigen, die den Lehrstoff vermitteln wollen.

Meier und Seufert (2003, S.13ff) befürworten die aktive Rolle des Lernenden, die gefördert werden kann, da folgende Lernprozesse durch das DGBL unterstützt werden:

- Aktive Lernprozesse
- Konstruktive Lernprozesse
- Selbstgesteuerte Lernprozesse
- Soziale Lernprozesse
- Emotionale Lernprozesse
- Situative Lernprozesse

Diese Lernprozesse werden durch das sogenannte Stealth-Learning unterstützt. Prensky (2001, S.24) bezog sich auf das Stealth-Learning wie folgt: „The learning would happen almost without the learners' realizing it, in pursuit of beating the game. We would give them 'stealth learning.'"

Ein derart getarnter Lernprozess wird von den Lernenden im Optimalfall also gar nicht als solcher realisiert. Dies ist gleichzeitig als Herausforderung und als Potenzial zu sehen. Die Schwierigkeit besteht darin, genug gehaltvolle Lerninhalte in ein Lernspiel einzubringen und gleichzeitig den Spaßfaktor so hoch wie möglich zu halten (siehe auch Abbildung 5).

> „Digital Game-Based Learning can certainly be hard fun. But at its very best, even the hard part goes away, and it becomes all fun, a really good time from which, at the end,

you have gotten better at something, through a process that Doug Crockford of Lucas Arts has referred to as 'stealth learning.'" (Prensky 2001, S.18)

Eine weitere Herausforderung, die es anzunehmen gilt, ist die Darstellung der Inhalte in unterschiedlichen Formen, um auf die verschiedenen Lerntypen eingehen zu können. Dies muss hauptsächlich durch den Einsatz verschiedener Multimedia-Typen geschehen. Hierbei sollte aber darauf geachtet werden, den Einsatz von Multimedia-Elementen auch nicht zu übertreiben, um den Lernenden durch das Überangebot nicht zu viel zuzumuten.

6 Anforderungen von Studenten an digitale Lernspiele in einer universitären Lernplattform

Im folgenden Kapitel wird die Forschungsfrage „Welche Anforderungen an digitale Lernspiele in einer Lernplattform hat die Stakeholder-Gruppe der Studenten?" behandelt.

Grund für die Befragung der Studierenden zu deren Anforderungen an Digitale Lernspiele ist die Erstellung eines Konzeptes zur Integration von Digital Game Based Learning in eine universitäre Lernplattform.

Wenn Computerspiele in der Vergangenheit untersucht wurden, dann geschah dies meist vor dem Hintergrund einer vermuteten negativen Wirkung. Mit Hilfe des Fragebogens soll hier hingegen eruiert werden, ob Studenten Lernspiele überhaupt annehmen würden und ob das Nutzungsverhalten der Studenten Lernspiele in einer universitären Lernplattform unterstützen würde. Hauptteil des Fragebogens ist aber die Frage nach den Anforderungen, die Studenten an digitale Lernspiele in einer universitären Lernumgebung haben.

6.1 Basis-Modell der Befragung

Als Basis der quantitativen Befragung der Studenten wird das UTAUT-Akzeptanz-Modell (Abbildung 8) nach Venkatesh et al. (2003, S.24) herangezogen. Dieses Modell fasst die Kernelemente von acht verschiedenen Technologie-Akzeptanz-Modellen zusammen. Grundlage ist das von Davis entwickelte TAM (Technology Acceptance Model).

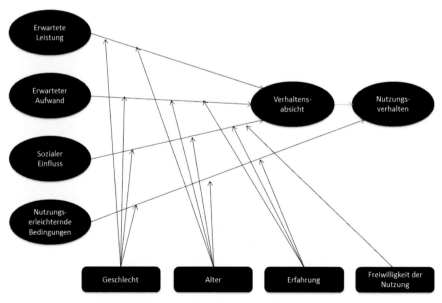

Abbildung 8: UTAUT-Modell
Quelle: eigene Darstellung in Anlehnung an Venkatesh et al. (2003, S.24)

Venkatesh et al. (2003, S.24ff) definieren die fundamentalen Faktoren wie folgt:

Erwartete Leistung

"The degree to which a person believes that using a particular system would enhance his or her job performance."

Erwarteter Aufwand

"The degree to which a person believes that using a system would be free of effort."

Sozialer Einfluss

"The person's perception that most people who are important to him think he should or should not perform the behavior in question."

Nutzungserleichternde Bedingungen

"Reflects perceptions of internal and external constraints on behavior the system and encompasses self-efficacy, resource facilitating conditions, and technology facilitating conditions."

Verhaltensabsicht

"The degree to which a person has formulated conscious plans to perform or not perform some specified future behavior."

6.2 Anpassung des Modells

Das Fundament des UTAUT-Modell bilden vier Faktoren, welche die Verhaltensabsicht direkt und das Nutzungsverhalten direkt und indirekt beeinflussen. Der erste und zugleich auch wichtigste Faktor ist die erwartete Leistung. Sie ist in diesem Fall definiert als das Ausmaß, in dem ein Student glaubt, dass das Benutzen eines Lernspiels die Lernleistung verbessern kann. In diesem Teil werden deswegen auch die Anforderungen der Studenten abgefragt, denn Anforderungen und erwartete Leistung eines Lernspiels werden hier gleichgesetzt. Der zweite Faktor beschreibt den Grad an Aufwand, den ein Student erwartet oder der ihm zugemutet wird, um das Lernspiel spielen zu können. Der dritte Faktor ist der soziale Einfluss auf den Studenten. D.h. konkret, ob Personen, die ihm nahe stehen dazu raten oder abraten ein Lernspiel an der Universität zu benutzen. Dieser Faktor wird bei der Befragung aber vernachlässigt, da er hier eine zu geringe Rolle spielt und zur Zielfindung nicht notwendig ist. Der Faktor „nutzungserleichternde Bedingungen" wird ebenfalls ausgeschlossen, da davon auszugehen ist, dass Studierende über genügend Kenntnisse zum Benutzen eines Lernspieles verfügen, wodurch die Frage nach Unterstützung hinfällig wird. Auch die Freiwilligkeit der Nutzung wird nicht explizit erfragt, da ein digitales Lernspiel an der Universität nur eine unterstützende Wirkung haben soll. Davon, dass die Studenten das Lernspiel also völlig freiwillig nutzen können, ist also auszugehen.

Hinzu kommen die Moderatoren Geschlecht, Alter und die Erfahrung im Umgang mit Lernspielen.

Mit Hilfe dieses modifizierten Modells soll herausgefunden werden, ob Studenten den Einsatz von Lernspielen an Universitäten akzeptieren würden.

6.3 Art und Aufbau der Befragung

Die schriftliche Befragung wurde gewählt, da hiermit die Möglichkeit besteht, eine möglichst große Menge an Studenten zu erreichen.

Fragetypen

Im benutzten Fragebogen wurden eine offene, sowie halboffene und geschlossene Fragen verwendet, um auf eine abwechslungsreiche Art und Weise möglichst viele und vielseitige Informationen zu gewinnen. Andererseits ist es so aber auch möglich den Aufwand für die Befragten relativ gering zu halten und somit deren Desinteresse vorzubeugen und eine vollständige Bearbeitung zu gewährleisten. Die offene Frage ist so konzipiert, dass sie möglichst schnell und ohne großen Aufwand beantwortet werden kann.

Warum Online-Fragebogen?

Im Folgenden werden nur einige Gründe aufgeführt, warum ein Online-Fragebogen zur Informationsgewinnung verwendet wurde (Weinreich/von Lindern 2008, S.148ff).

- Ein Online-Fragebogen lässt sich schneller und unproblematischer realisieren als eine persönliche Befragung.
- Mit einem Online-Fragebogen ist eine sehr kostengünstige Befragung möglich.
- Die Befragten können unabhängig von Zeit und Ort den Fragebogen ausfüllen.
- Alle Daten werden sofort elektronisch erfasst, was eine manuelle Übertragung der Daten und damit eventuell entstehende Fehler vermeidet.

Aufbau

In diesem Abschnitt wird ein kompakter Überblick über den Aufbau des Fragebogens gegeben. Der vollständige Fragebogen ist im Anhang A zu finden.

Die Struktur des Fragebogens:

1. Demographische Daten
2. Allgemeine Fragen zur Nutzung von Computerspielen
3. Anforderungen an Lernspiele
4. Besitz und Gebrauch von Endgeräten

Der Fragebogen wurde in vier Abschnitte eingeteilt. Im ersten Teil ging es darum einige demographische Daten wie zum Beispiel Universität, Studiengang etc. zu eruieren. Der zweite Teil diente zur Befragung der Spielgewohnheiten der Studenten. Hier wurden nicht nur Spielhäufigkeit sondern auch Gründe für das Spielen gesucht. Im dritten Teil – zugleich auch Hauptteil – wurden Fragen hinsichtlich der Anforderungen an universitäre Lernspiele und Aufrechterhaltung der Motivation gestellt. Die Anforderungen und Kategorien gehen auf Rieke (2007, S.72ff) zurück. Es wurden auch Fragen hinsichtlich der Akzeptanz von Lernspielen gestellt. Zuletzt wurden die Studenten noch im Hinblick auf Besitz und Gebrauch von Endgeräten befragt.

Auswertungsverfahren

Bei den geschlossenen Fragen werden die vorliegenden Antworten ausgezählt und prozentual ausgewertet. Bei Fragen, die mit Hilfe einer 7er-Likert-Skala beantwortet werden, wird der Mittelwert über alle Antworten berechnet, um die durchschnittliche Antwortausprägung der Befragten zu erhalten. Die Hauptfrage nach den Anforderungen (Frage 13) ist für die Befragten nicht erkennbar in 4 Unterkategorien, nämlich Unterhaltung, Inhalt & Ziele, Aufbau & Struktur und Umgebung eingeteilt und wird demensprechend ausgewertet. Die Anforderungen werden einem Ranking unterzogen, um die wichtigsten von ihnen in das Lastenheft einbringen zu können. Details hierzu sind in Kapitel 6.5.4 zu finden.

6.4 Pretest

Um zu gewährleisten, dass der Fragebogen verständlich und ohne Fehler den Studierenden zukommt, wurde er mittels eines Pretest überprüft. Die für den Pretest zur Verfügung stehenden Personen entsprachen dabei der Zielgruppe und hatten zusätzlich Erfahrung in der Erstellung und Beurteilung von Fragebögen. Diese Erfahrung wurde allerdings bei den letztendlich Befragten nicht vorausgesetzt, sondern diente hier nur der Qualitätsüberprüfung des bis dato erstellten Fragebogens. Die wichtigsten zu überprüfenden Gebiete waren, ob

- ein roter Faden im Aufbau des Fragebogens erkennbar ist,
- die Anweisungen verständlich sind,
- die Fragen verständlich sind und keine Redundanz aufweisen,
- keine Logikfehler enthalten sind,
- und die Likert-Skalierung genug Differenzierung aufweist.

Weiterhin sollte mit Hilfe des Pretests herausgefunden werden, welche Dauer die Beantwortung des Fragebogens in Anspruch nimmt.

Der Pretest ergab, dass kleinere Änderungen an den Formulierungen der Fragen, Anweisungen und Antworten vorgenommen werden mussten, um Eindeutigkeit zu gewährleisten. Die Einteilung der Likert-Skala wurde von 5 auf 7 Einteilungen erhöht, um den Befragten mehr Spielraum bei der Antwortgebung zu ermöglichen.

Die letztendlich befragten Personen wurden über die Homepage des Fachgebietes Wirtschaftsinformatik der Universität Kassel kontaktiert.

6.5 Auswertung

Die Auswertung des Fragebogens wird nach dessen Einteilung vorgenommen. D.h. bevor es in Kapitel 6.5.4 um den Kern des Fragebogens – nämlich die Anforderungen – geht, werden die demographischen Daten und die allgemeine Akzeptanz von digitalen Lernspielen ausgewertet. Als Abschluss der Auswertung werden Endgeräte und Örtlichkeiten betrachtet.

6.5.1 Demographische Daten

Von 104 Teilnehmern, die den Fragebogen vollständig ausfüllten, waren 41,3% weiblich und 58,7% männlich. Das Durchschnittsalter liegt bei 27,6 Jahren. Die Verteilung in Altersklassen ist in Abbildung 9 zu sehen. Der größte Anteil der Befragten studiert an der Universität Kassel (52%), gefolgt von der Georg-August-Universität Göttingen (5,8%). Der Rest teilt sich auf 33 weitere Universitäten aus ganz Deutschland auf. Meistgenannter Studiengang ist Wirtschaftswissenschaft (18%), es folgen Lehramt (10,8%) und Wirtschaftsingenieurwesen (8,1%).

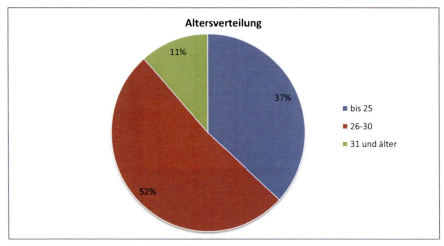

Abbildung 9: Altersverteilung der Befragten
Quelle: eigene Darstellung

6.5.2 Computerspielnutzung und Lernspiel-Erfahrung

Nur 47,1% aller Befragten spielen Computer- oder Videospiele wenigstens ein paar Mal im Monat, d.h. die Mehrheit nutzt Computerspiele nur einige Male im Jahr oder gar nicht (siehe Abbildung 10). Dies deutet darauf hin, dass die Lernspiel-Erfahrung noch viel weniger sein wird, was durch die gezielte Frage darauf auch bestätigt werden konnte. Nur 8,7% nutzen aktuell oder haben bereits ein Lernspiel genutzt. Dabei bewerteten die Befragten neben den genannten „Chemicus" oder „Bioscopia" aber auch simple Vokabeltrainer als Lernspiel.

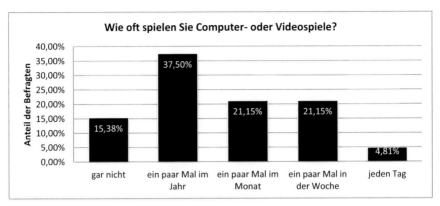

Abbildung 10: Computerspiel- und Videospielnutzung der Befragten
Quelle: eigene Darstellung

Als Hauptgründe für die Nutzung von Computerspielen wurden Unterhaltung, Langeweile und Entspannung genannt. Die genaue Verteilung ist in Abbildung 11 zu erkennen. Bei den Hauptgründen ergibt sich folgender Ansatzpunkt: Es wäre wünschenswert, die Studenten, die Computerspiele aus diesen genannten Gründen spielen, an Computerspiele mit hohem Lerneffekt heranzuführen. Wichtig ist, dass Unterhaltung, Kurzweiligkeit und Entspannung dabei nicht verloren gehen.

Die Auswertung von Frage 9 des Fragebogens (siehe Anhang) ergab, dass Computerspiele – allerdings nur mit geringer Mehrheit (58,2%) – lieber alleine gespielt werden. Dies gilt sogar für Online-Spiele.

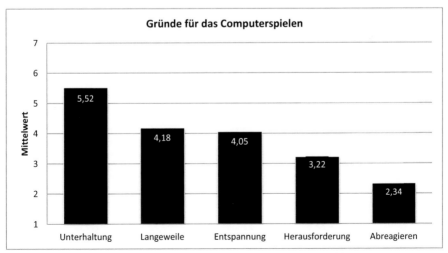

Abbildung 11: Gründe für die Nutzung von Computer- und Videospielen
Quelle: eigene Darstellung

6.5.3 Akzeptanz

Verhaltensabsicht

In puncto Verhaltensabsicht wurden den Studenten sechs Fragen gestellt, die auf einer Skala von 1-7 bewertet werden sollten. Jede Frage wurde mit einer deutlich positiven Verhaltensabsicht beantwortet, d.h. der Mittelwert lag zwischen 5 und 7 Skalenpunkten (siehe Tabelle 4). Mit der hauptsächlich positiven Beantwortung dieser Fragen lässt sich eine Implementierung eines digitalen Lernspieles für eine Hochschule begründen. Aus Tabelle 4 geht hervor, dass Lernspiele akzeptiert werden und die Attraktivität von Lehrveranstaltungen steigern können. Da allerdings nur rund 9% aller Befragten bereits Lernspiele nutzen oder genutzt haben, ist eine Aussage über die Akzeptanz nur schwer interpretierbar.

Frage	negative Verhaltensabsicht	unentschlossen	Positive Verhaltensabsicht
Können Sie sich vorstellen die Lerninhalte Ihres Studiums mit Hilfe eines Computerspiels zu vertiefen?	24,04 %	23,08%	52,89%
Wenn Sie die Wahl hätten, würden Sie Kurse besuchen, in denen Lernspiele eingesetzt werden?	19,23%	19,23%	61,54%
Ist es sinnvoll Spiele als Teil der Vorlesung/des Tutoriums einzusetzen?	25,96%	24,04%	61,54%
Könnte ein Lernspiel Ihre Motivation zu Lernen erhöhen?	21,15%	8,65%	70,19%
Können Sie sich vorstellen, dass ein Lernspiel das Lernen für Ihr Studium erleichtert?	19,23%	14,42%	66,35%
Können Sie sich vorstellen, dass ein Lernspiel das Lernen für Ihr Studium effektiver gestaltet?	22,12%	21,15%	56,73%

Tabelle 4: Verhaltensabsicht zu Lernspielen an der Universität
Quelle: eigene Darstellung

Erwarteter Aufwand

Wie bereits in Kapitel 6.1 erläutert, ist mit dem erwarteten Aufwand im UTAUT-Modell nicht die Zeit gemeint, die man für etwas aufwendet, sondern die Bemühung, die es kostet, etwas – in diesem Fall das Lernspiel – durchzuführen.

Die Studenten wurden in Bezug auf den Aufwand ein digitales Lernspiel zu nutzen, zu drei Möglichkeiten befragt. Bei der ersten Möglichkeit sollte bewertet werden, (i) wie leicht ein Online-Zugang zum Spiel möglich ist. Die anderen beiden Möglichkeiten sind die (ii) Verfügbarkeit auf CD-ROM und (iii) die Möglichkeit sich das Spiel über die Website der Universität zu downloaden.

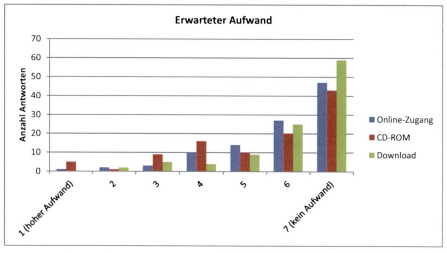

Abbildung 12: Erwarteter Aufwand ein Lernspiel zu nutzen
Quelle: eigene Darstellung

Bei einem mit 1 bewertetem Aufwand wäre der Zugang unmöglich, eine mit 7 beantwortete Frage bedeutet, dass es dem Befragten sehr leicht fallen würde, auf diese Art und Weise das Lernspiel zu nutzen.

Das Diagramm in Abbildung 12 macht deutlich, dass für alle Möglichkeiten kein großer Aufwand erforderlich ist. An der Spitze steht jedoch die Download-Möglichkeit des Lernspiels.

6.5.4 Anforderungen

Den Hauptteil des Fragebogens stellt die Analyse der Anforderungen der Studenten dar. Hier sollten die Studenten ebenfalls auf einer Likert-Skala von 1 – 7 bewerten, welche vorgegebenen Anforderungen ein Lernspiel ihrer Meinung nach erfüllen sollte. Eine mit 1 bewertete Anforderung fand keine Zustimmung, einer mit 7 bewerteten Anforderung wurde voll und ganz zugestimmt.

36 Anforderungen waren vorgegeben und wurden für die Befragten nicht sichtbar in vier Kategorien unterteilt. Die Kategorien sind:

1. Unterhaltung
2. Aufbau & Struktur
3. Umgebung

4. Inhalt & Ziele

Weiterhin wurden im letzten Teil dieses Kapitels Anforderungen hinsichtlich der Motivationserhaltung evaluiert.

Um eine bessere Lesbarkeit der Diagramme zu gewährleisten, wurden die teilweise recht langen Ausdrücke aus dem Fragebogen in den Diagrammen durch Abkürzungen ersetzt. Folgende Abkürzungen werden angenommen:

- AuS x – Anforderung x aus der Kategorie Aufbau & Struktur
- Ent x – Anforderung x aus der Kategorie Unterhaltung (Entertainment)
- Umg x – Anforderung x aus der Kategorie Umgebung
- IuZ x – Anforderung x aus der Kategorie Inhalt & Ziele
- Mot x – Anforderung x aus der Kategorie Motivation

Die Diagramme sind so strukturiert, dass die wichtigsten Anforderungen als erstes angeführt werden. Außerdem wurden die Anforderungen in den dazugehörigen Auflistungen nach oben gestellt und optisch hervorgehoben (kursiv gestellt). Dies erleichtert die Sondierung der – für das Lastenheft – relevanten Anforderungen. Um eine Anforderung als wichtig einzustufen, wurde als Kriterium ein Mittelwert der Antworten von größer 5 angenommen.

Unterhaltung

In diese Kategorie wurden folgende 4 Anforderungen eingestuft: Ein Lernspiel sollte...

Ent 1: Spaß machen
Ent 3: Spannung erzeugen
Ent 2: gut entspannen
Ent 4: mir das Gefühl geben, in eine andere Welt einzutauchen.

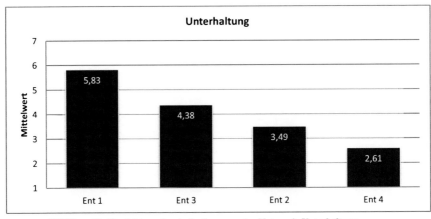

Abbildung 13: Gewichtung der Anforderungen der Kategorie Unterhaltung
Quelle: eigene Darstellung

Abbildung 13 macht deutlich, dass die Faktoren Spaß (mit einem Mittelwert von 5,82) und Spannung (Mittelwert 4,38) klar im Vordergrund der Befragten stehen. Das Gefühl zu haben in eine andere Welt einzutauchen spielt nur eine nebensächliche Rolle.

Aufbau und Struktur

Die Kategorie Aufbau und Struktur stellt die umfangreichste Kategorie dar. Sie beinhaltet 16 Anforderungen an Lernspiele.

AuS 6: mir helfen, Fehler in den Antworten zu verstehen.
AuS 8: mir Feedback zu meinen Antworten geben.
AuS 2: einfach zu bedienen sein.
AuS 1: leicht verständlich sein.
AuS 16: den Lernenden bewerten können.
AuS 10: verschiedene Schwierigkeitslevels haben.
AuS 15: individuelle Lernprofile haben.
AuS 14: Kommunikationsmöglichkeiten unter den Lernenden bieten.
AuS 4: Belohnungselemente (z.B. Punkte, Aufstieg in ein höheres Level) enthalten.
AuS 11: multimediale Elemente nutzen (Videos, Animationen, etc.)
AuS 13: Gruppenarbeiten ermöglichen.
AuS 9: Sprache und Sound nutzen.
AuS 12: optisch schön anzusehen sein.
AuS 3: gemeinsam in einer Gruppe gespielt werden können (Multiplayer-Modus).
AuS 5: einen Avatar (Spielecharakter) zum Spielen nutzen.
AuS 7: in 3D dargestellt sein.

Hier zeigten sich relativ deutliche Unterschiede in der Relevanz der einzelnen Anforderungen, die in Abbildung 14 dargestellt werden. Beispielsweise sind die Darstellung des Lernspiels in 3D (Mittelwert 2,54) und die Nutzung eines Avatars (Mittelwert 3,64) für die Studenten nur nebensächlich. Das Hauptaugenmerk liegt darauf, dass das Lernspiel dem Verständnis der Thematik dient. Das Programm soll Feedback zur Handlung des Spielers geben und somit helfen, eventuell gemachte Fehler zu verstehen. Leichte Bedienbarkeit und Bewertung des Spielers sind ebenso von hoher Bedeutung.

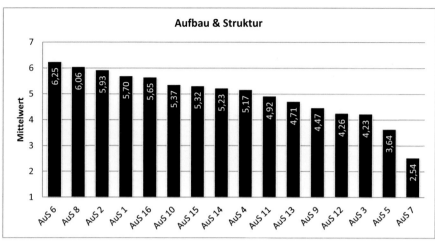

Abbildung 14: Gewichtung der Anforderungen der Kategorie Aufbau & Struktur
Quelle: eigene Darstellung

Umgebung

In die Kategorie Umgebung flossen folgende fünf Anforderungen mit ein: Ein Lernspiel sollte...

Umg 3: immer ohne technische Probleme zu spielen sein.
Umg 1: an jedem Ort (zu Hause, in den Ausbildungsräumen etc.) zu spielen sein.
Umg 4: ohne Zeitdruck gespielt werden können.
Umg 5: online spielbar sein.
Umg 2: von einer Person (z.B. Tutor) erklärt werden.

Den Studenten ist die technisch einwandfreie Lauffähigkeit des Lernspiels am wichtigsten, nur knapp gefolgt von der Anforderung, das Spiel an möglichst vielen Orten spielen zu können. Der niedrigste Mittelwert von 4,48 wurde dafür ermittelt, dass das Lernspiel von einer Person erklärt wird. Das Diagramm in Abbildung 15 stellt die Mittelwerte der Antworten detailliert dar. Gesamthaft gesehen ist die Umgebung des Lernspiels den Befragten Studenten eher wichtig, was an den relativ hohen Mittelwerten abzulesen ist.

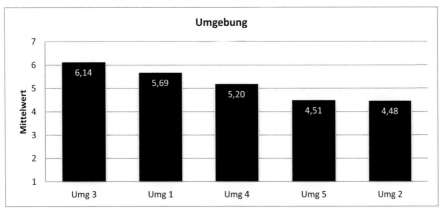

Abbildung 15: Gewichtung der Anforderungen der Kategorie Umgebung
Quelle: eigene Darstellung

Inhalt und Ziele

Als durchschnittlich sehr wichtig erwies sich die Kategorie Inhalt und Ziele (Gesamt-Mittelwert 5,27). Sie umfasst die im Folgenden angeführten Anforderungen: Ein Lernspiel sollte...

IuZ 11: Kontrollmöglichkeiten (Tests) enthalten.
IuZ 3: für die Ausbildung relevantes Wissen einüben.
IuZ 4: mich motivieren, intensiver zu lernen.
IuZ 7: neue Inhalte, neues Wissen vermitteln.
IuZ 1: eine Hilfe zur Prüfungsvorbereitung sein.
IuZ 6: bestimmte ausbildungsrelevante Abläufe (z.B. chemischer Prozess, Versuchsdurchführung etc.) verständlich machen.
IuZ 9: hohes selbstbestimmtes Handeln ermöglichen.
IuZ 5: auch Themen zur Allgemeinbildung beinhalten.
IuZ 2: ausschließlich auf meine Ausbildung zugeschnitten sein.
IuZ 8: von mir mitgestaltet werden können (z.B. der Fragenpool, Handlung etc.).
IuZ 10: eine realistische Story beinhalten.

Abbildung 16 zeigt die detaillierte Auswertung der einzelnen Anforderungen. Es wird deutlich, dass Kontrollmöglichkeiten in Form von Tests – zum Beispiel als Prüfungsvorbereitung – und die Einübung von für das Studium relevanten Wissens Priorität haben. Es zeigt sich aber auch, dass Studenten über Lernspiele neues Wissen vermittelt bekommen möchten und erwarten, dazu motiviert zu werden, intensiver zu lernen.

Auf die Möglichkeit z.B. den Fragenpool oder die Handlung des Lernspiels selbst mitgestalten zu können, legen die Befragten weniger Wert. Ebenso ist eine realistische Story nicht von großer Wichtigkeit. Es kommt mehr darauf an, ausbildungsrelevantes Wissen vermittelt zu bekommen.

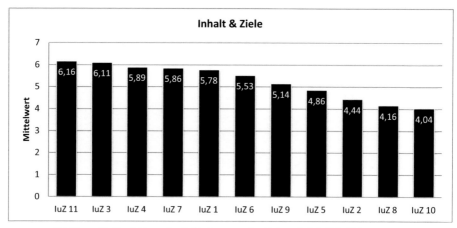

Abbildung 16: Gewichtung der Anforderungen der Kategorie Inhalt & Ziele
Quelle: eigene Darstellung

Vergleich der Kategorien

Vergleicht man die vier Kategorien miteinander (siehe Abbildung 17), ist zu erkennen, dass die Kategorie Inhalt und Ziele der Zielgruppe am wichtigsten ist, dicht gefolgt von der Lernumgebung und Aufbau & Struktur. Der Unterhaltungswert der Lernsoftware wird eher neutral beurteilt.

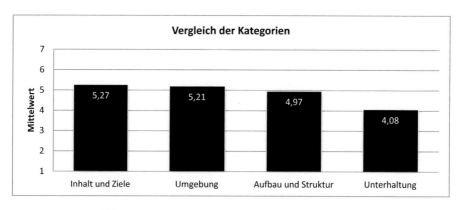

Abbildung 17: Vergleich der Mittelwerte der Kategorien
Quelle: eigene Darstellung

Anforderungen in Bezug auf Motivation

Bei der Frage „Wie kann Ihre Motivation während des Spiels aufrechterhalten werden?" standen folgende Antwortmöglichkeiten zur Auswahl:

Mot 3: über (angemessene) Herausforderungen
Mot 10: über individuelle Erfolgsmessung
Mot 4: über Reflexion des bereits Gelernten
Mot 2: über Feedback
Mot 7: über verschiedene Schwierigkeitslevel
Mot 1: über Wettkämpfe
Mot 9: über soziale Interaktion
Mot 6: über Hilfestellungen des Programms
Mot 8: über persönliche Adressierung des Lernenden
Mot 5: über die Realität der Story

Abbildung 18: Gewichtung der Anforderungen der Motivationserhaltung
Quelle: eigene Darstellung

In Abbildung 18 ist zu erkennen, dass angemessene Herausforderungen und individuelle Erfolgsmessung die Motivation am besten erhalten können. Dicht gefolgt werden diese beiden Anforderungen von der Reflexion des bereits Gelernten, Feedback und der Nachfrage nach verschiedenen Schwierigkeitsleveln. Wie sich schon in der Kategorie Inhalt & Ziele andeutet, ist eine realistische Story eines Lernspiels auch für die Aufrechterhaltung der Motivation nur von sehr geringer Bedeutung.

6.5.5 Endgeräte und Örtlichkeiten

Bei der Befragung hinsichtlich der genutzten Endgeräte kristallisierte sich heraus, dass jeder der Befragten einen PC/Laptop besitzt. An zweiter Stelle stehen die Smartphones, die immerhin 65,4% der Befragten besitzen. Nur 13,5% der Befragten besitzen einen Tablet PC. In der folgenden Abbildung 19 ist jedoch zu erkennen, dass der Wunsch danach, mit einem Tablet PC ein Lernspiel durchzuführen, größer ist, als dies mit einem Smartphone zu tun. Aber auch

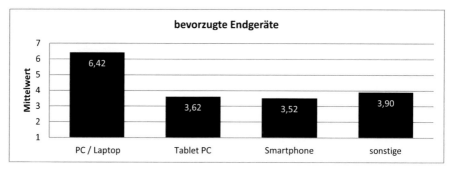

Abbildung 19: Endgeräte, mit denen bevorzugt ein Lernspiel durchgeführt werden würde
Quelle: eigene Darstellung

hier ist der PC oder Laptop klar das favorisierte Endgerät.

Bei der Frage, wo denn bevorzugt Lernspiele durchgeführt würden, war „zu Hause" deutlich die erste Wahl (siehe Abbildung 20).

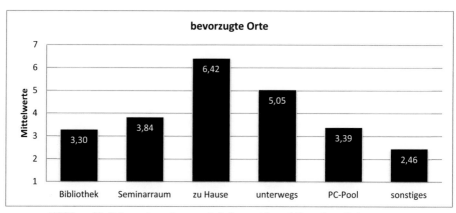

Abbildung 20: Orte, an denen bevorzugt ein Lernspiel gespielt werden würde
Quelle: eigene Darstellung

Weiterhin wurden die Studenten gefragt, welche Anforderungen ihnen außer den schon genannten noch wichtig seien. Es wurde insbesondere bemerkt:

- „Es wäre gut, wenn man kein zusätzliches Gerät anschaffen müsste."

Weitere Aussagen waren

- „Es sollte erklären, vertiefen, beim Lernen helfen und nicht unterfordern. Nur Lückentexte füllen ist langweilig!"
- „Einem Spiel sollten klare Lernziele zu Grunde liegen."

6.6 Zusammenfassung

Die Auswertung des Fragebogens hat ergeben, dass digitale Lernspiele an einer Universität von Studenten akzeptiert würden. Kurse mit einem Angebot an Lernspielen werden sogar favorisiert. D.h. die befragten Studenten könnten sich eine Steigerung der Motivation zu Lernen und eine Erleichterung des Lernprozesses durch digitale Lernspiele vorstellen. Dies ist natürlich die Grundvoraussetzung für das Erstellen eines Konzeptes, welches Digital Game Based Learning in eine universitäre Lernplattform integrieren soll. Da auch der erwartete Aufwand zur Durchführung eines digitalen Lernspieles als sehr gering empfunden wird, werden nun die Anforderungen, die den Befragten am wichtigsten waren (siehe Tabelle 5), im folgenden Kapitel in ein Lastenheft übertragen.

Kürzel	Anforderung (Das Lernspiel soll…)	Kategorie
Ent 1	Spaß machen	Unterhaltung
AuS 6	mir helfen, Fehler in den Antworten zu verstehen.	Aufbau und Struktur
AuS 8	mir Feedback zu meinen Antworten geben.	Aufbau und Struktur
AuS 2	einfach zu bedienen sein.	Aufbau und Struktur
AuS 1	leicht verständlich sein.	Aufbau und Struktur
AuS 16	den Lernenden bewerten können.	Aufbau und Struktur
AuS 10	verschiedene Schwierigkeitslevels haben.	Aufbau und Struktur
AuS 15	individuelle Lernprofile haben.	Aufbau und Struktur
AuS 14	Kommunikationsmöglichkeiten unter den Lernenden bieten.	Aufbau und Struktur
AuS 4	Belohnungselemente (z.B. Punkte, Aufstieg in ein höheres Level) enthalten.	Aufbau und Struktur
Umg 3	immer ohne technische Probleme zu spielen sein.	Umgebung
Umg 1	an jedem Ort (zu Hause, in den Ausbildungsräumen etc.) zu spielen sein.	Umgebung
Umg 4	ohne Zeitdruck gespielt werden können.	Umgebung

IuZ 11	Kontrollmöglichkeiten (Tests) enthalten.	Inhalt und Ziele
IuZ 3	für die Ausbildung relevantes Wissen einüben.	Inhalt und Ziele
IuZ 4	mich motivieren, intensiver zu lernen.	Inhalt und Ziele
IuZ 7	neue Inhalte, neues Wissen vermitteln.	Inhalt und Ziele
IuZ 1	eine Hilfe zur Prüfungsvorbereitung sein.	Inhalt und Ziele
IuZ 6	bestimmte ausbildungsrelevante Abläufe (z.B. chemischer Prozess, Versuchsdurch-führung etc.) verständlich machen.	Inhalt und Ziele
IuZ 9	hohes selbstbestimmtes Handeln ermöglichen.	Inhalt und Ziele
Mot 3	(angemessene) Herausforderungen beinhalten.	Motivation
Mot 10	individuelle Erfolgsmessung beinhalten.	Motivation
Mot 4	das bereits Gelernte reflektieren.	Motivation
Mot 2	Feedback geben.	Motivation
Mot 7	verschiedene Schwierigkeitslevel beinhalten.	Motivation

Tabelle 5: Die wichtigsten Anforderungen aus der Befragung
Quelle: eigene Darstellung

In der obenstehenden Tabelle wurden die Anforderungen in der Reihenfolge der Auswertung eingetragen. Sie werden im Lastenheft nach Leistungen der Lernplattform und Leistungen des Lernspieles sortiert.

7 Konzept zur Integration von Digital Game Based Learning in eine universitäre Lernplattform

Das Konzept zur Integration von Digital Game Based Learning in eine universitäre Plattform wird nun in Form eines Lastenheftes vorgestellt. Da in dieser Studie nur die Studenten Beachtung fanden und befragt wurden, ist auch das Lastenheft nur auf diese Stakeholder-Gruppe ausgerichtet. Folgende typische Gliederung liegt ihm dabei zugrunde (Balzert 2001, S.62f):

- Zielbestimmungen
- Produkteinsatz
- Produktfunktionen
- Produktdaten
- Produktleistungen
- Qualitätsanforderungen
- Ergänzungen

Im vorliegenden Lastenheft werden zur besseren Identifikation der Funktionen, Daten und Leistungen folgende Abkürzungen benutzt:

LF - Produktfunktionen des Lastenhefts
LD - Produktdaten des Lastenhefts
LL - Produktleistungen des Lastenhefts

Die Produktfunktionen beschreiben die Hauptfunktionen eines Lastenheftes aus Sicht des Auftraggebers und werden auf oberster Abstraktionsebene beschrieben. Die Produktdaten sind die Hauptdaten, die langfristig gespeichert werden sollen. Die Produktleistungen sind die zeit- oder umfangsbezogenen Leistungsanforderungen. (Balzert 2001, S.62f)

7.1 Zielbestimmungen

In die schon vorhandenen Lernplattformen der Universitäten – am Beispiel der Universität Kassel ist es die Lernplattform „moodle" – sollen Lernspiele integriert werden. Bislang existieren an der Universität Kassel nur „Online-Aktivitäten" in der Art von Multiple-Choice-Tests oder Lückentexten. Ziel der Integration des Digital Game Based Learning ist es, die (nur schwer messbare) Lernleistung und die intrinsische Motivation zum Lernen bei Studierenden zu erhöhen. Den Studenten soll es ermöglicht werden – alleine oder in einer Gruppe – mit Hilfe der Lernspiele den Lernstoff des Studiums auf spielerische Art und Weise zu verinnerlichen und zu vertiefen. Wünschenswert ist es, den Studenten die Möglichkeit zu geben, Probleme und Schwierigkeiten des Lernstoffes eigenständig zu erkennen und Lösungswege zu finden.

7.2 Produkteinsatz

Die digitalen Lernspiele sollen universell für jede Universität und jeden Studiengang einsetzbar sein. Der Einsatz der digitalen Lernspiele erfolgt in den für alle Studierenden zugänglichen Lernplattformen der Universitäten. Innerhalb der für die Studenten schon gewohnten

Lernumgebung sollen Lernspiele angeboten werden, die inhaltlich an die jeweiligen Kurse angepasst sind.

Zum zweiten sollen die digitalen Lernspiele als Download zur Verfügung stehen. Hierbei ist darauf zu achten, dass die jeweiligen PC-Betriebssysteme (z.B. Windows, MacOS, Linux) aber auch die Betriebssysteme für Smartphones und Tablets (z.b. iOS, Android, Windows Phone) bedient werden. Aufgrund der stark wachsenden Verbreitung der Smartphones und Tablets sollten diese Betriebssysteme keinesfalls vernachlässigt werden, auch wenn die Nachfrage nach digitalen Lernspielen für den PC momentan noch überwiegt (siehe Auswertung des Fragebogens in Kapitel 6.5.5).

Da eine Online-Version der Lernspiele existieren soll, bedeutet dies aber auch, dass bei der Implementierung der Lernspiele möglichst alle weit verbreiteten Browser beachtet werden. Dies sind insbesondere Mozilla Firefox, Microsoft Internet Explorer, Google Chrome und Safari inklusive ihrer Versionen für mobile Endgeräte.

7.3 Produktfunktionen

Die Produktfunktionen sind hier ausschließlich Funktionen für die Lernenden. Als Voraussetzung gilt, dass der Benutzer in der Lernplattform angemeldet sein muss, um auf das Lernspiel zugreifen zu können. Folglich kann der Benutzer das Lernspiel auch nur dann online nutzen oder herunterladen, wenn er einen Universitäts-Account an der Hochschule hat. Dies setzt voraus, dass er als Student an der jeweiligen Universität eingeschrieben sein. Es soll allerdings kein separater Benutzer für den Zugang zu Lernspielen angelegt werden müssen.

/LF010/ Einloggen

Die Benutzer können sich unter Angabe ihres für die Universität allgemeingültigen Benutzernamens und Passwortes für Lernplattform auch im Lernspiel einloggen.

/LF020/ Ausloggen

Die Benutzer können sich jederzeit aus dem Lernspiel ausloggen.

/LF030/ Levelwahl

Der Benutzer kann zwischen verschiedenen Schwierigkeitslevels wählen. Dies ist jedoch erst dann möglich, wenn er den nächst höheren Level durch Bestehen des Vorhergehenden freigespielt hat. Die bestandenen Level werden automatisch gespeichert.

/LF040/ Single-User oder Multi-User

Der Benutzer kann nach dem einloggen wählen, ob er das Lernspiel als Single-User oder als Multi-User spielen möchte. Nur wenn die Multi-User-Option gewählt wurde, wird der Nutzer später auf einer Liste sichtbar, die alle Nutzer anzeigt, die diese Option gewählt haben. Um das Spiel als Multi-User spielen zu können, ist mindestens ein weiterer Nutzer nötig, der dieselbe Option nach dem Login gewählt hat. Man kann auf einen anderen Nutzer auf der Liste, mit dem man ein Multi-User-Spiel durchführen möchte, klicken. Es soll hier die Option bestehen zwischen einem gemeinsamen oder wettbewerblichen Modus zu wählen. Der ausgewählte Benutzer erhält daraufhin eine Popup-Meldung und kann entscheiden, ob er mit dem anfragenden Nutzer ein Multi-User-Spiel beginnen möchte. Der ausgewählte Benutzer kann nun durch einen Klick das angefragte Spiel bestätigen oder ablehnen. Die maximale Anzahl der Teilnehmer an einem Multi-User-Spiel sollte der Übersichtlichkeit wegen auf fünf begrenzt sein.

/LF050/ Aktualisieren

Der Benutzer kann durch Klick auf einen „Aktualisieren"-Button die Lerninhalte aktualisieren. Dies soll sowohl in der Online-Version als auch in der Download-Version möglich sein. (Die Download-Version benötigt zu diesem Zeitpunkt selbstverständlich einen Zugang zum Internet.)

/LF060/ Speichern

Ein Nutzer kann seine erspielten Zwischenstände jederzeit speichern. Es sollen mehrere Spielstände gespeichert werden können.

/LF070/ Laden

Der Nutzer soll einen gespeicherten Spielstand jederzeit wieder aufrufen können. Dabei kann er aus einer Liste auswählen welchen Spielstand er wieder aufrufen möchte. Die Spielstände sind mit dem Datum und der Uhrzeit Speicher-Zeitpunktes versehen.

7.4 Produktdaten

Die Produktdaten sind die langfristig zu speichernden Daten, die für das Lernspiel benötigt werden. Es wird zwischen benutzerspezifischen Daten und Spieldaten unterschieden.

Folgende Daten sollten auf den Servern der Universität verschlüsselt gespeichert werden:

/**LD010**/ Benutzerspezifische Daten:
- Benutzertyp
- Benutzername/Nickname
- Passwort
- Persönliche Highscores des Benutzers
- Skill
  - Anzahl gewonnener Spiele
  - Anzahl verlorener Spiele
- Vorname
- Name
- Studiengang
- Semester
- Bisher erreichtes Level

/**LD020**/ Spieldaten:

- Highscores der Spiele
- Zwischenstände
- Speicherdatum

7.5 Produktleistungen

Die Produktleistungen wurden in Leistungen der Lernplattform und des digitalen Lernspieles unterschieden. Die Leistungen der Lernplattform dienen als Basis und sind verpflichtend für die Integration eines Lernspiels.

7.5.1 Produktleistungen der Lernplattform

/LL010/ Benutzerverwaltung

Die Lernplattform soll eine Benutzerverwaltung haben, die die Mobilität und Portabilität mit den Benutzerdaten gewährleistet. Dies bedeutet, dass die Daten innerhalb der Lernplattform und plattformübergreifend im- und exportierbar sein sollen. Es sollte auch darauf geachtet werden, dass eine hohe Benutzeranzahl (mindestens 50.000) möglich ist, damit die Lernplattform auch für große Universitäten einsetzbar ist.

/LL020/ Kursverwaltung

Die Lernplattform benötigt eine Kursverwaltung. Jeder Kurs soll einzeln verwaltet werden können, um kursspezifische Lernspiele anbieten zu können. Hinsichtlich Mobilität und Portabilität der Daten gilt hier selbiges wie bei Benutzerverwaltung.

/LL030/ Rollen- und Rechtevergabe

Zunächst ist mindestens die Rolle Student ist einzurichten. Die Rollen- und Rechtevergabe gewährleistet den differenzierten Zugang zum Lernspiel. Da später auch Dozenten und Administratoren als Rollen hinzukommen werden (siehe Kapitel 7.7), wird diese Produktleistung schon hier erwähnt. Die jeweiligen Rollen haben unterschiedliche Rechte, welche die Lernplattform selbst und das digitale Lernspiel betreffen.

/LL040/ Kommunikation

Als Kommunikationsmethoden sollen E-Mail-Funktion und kursspezifische Foren eingerichtet werden. Hiermit soll es den Nutzern ermöglicht werden, sich über Inhalte und eventuelle Probleme/Schwierigkeiten in den Lernspielen auszutauschen. Die Chat-Funktion ist nur innerhalb des Lernspiels wichtig und wird deswegen in der Lernplattform nicht zwingend benötigt.

/LL050/ Darstellung der Inhalte im Browser

Alle Inhalte der Kurse und des Lernspiels, d.h. Lerninhalte, Lernobjekte, Medien, etc. müssen in einem netzwerkfähigen Browser dargestellt werden können. Dabei ist – wie in Kapitel 7.2 bereits angesprochen – auf die Implementierung für alle gängigen Browser zu achten.

/LL060/ individualisierte Startseite

Jeder Nutzer soll eine individualisierte Startseite haben, die es ihm ermöglicht, auf alle von ihm belegten Kurse und Lernspiele zuzugreifen.

/LL070/ Lernspiel-Verlinkung

In jedem virtuellen Kurs der Lernplattform, zu der auch ein digitales Lernspiel implementiert wird, ist ein Link zu dem jeweiligen Lernspiel vorhanden.

/LL080/ Entscheidungsfreiheit

Der Nutzer der Lernplattform kann für jede Veranstaltung separat entscheiden, ob er sich für das Lernspiel registrieren/einloggen möchte. Der Login erfolgt mit den Login-Daten, die der Nutzer auch schon für die Lernplattform nutzt.

/LL090/ Auswahl eines Lernspiels

Der Nutzer soll mindestens zwischen zwei Arten von Lernspielen wählen können. Dies ist zum einen ein Lernquiz und zum anderen eine Simulation/Planspiel.

7.5.2 Produktleistungen des digitalen Lernspiels

/LL100/ Versionen

Das Lernspiel soll als Online-Version und als Download-Version verfügbar sein. In der Download-Version soll der Nutzer wählen können, ob er eine Verbindung mit dem Universitäts-Server herstellen möchte. Entscheidet sich der Benutzer für eine Verbindung, sind alle Funktionen der Online-Version (Multi-User-Modus, etc.) abrufbar/verfügbar. Auch wenn die Ergebnisse der Befragung eine CD-ROM-Version rechtfertigen würden, soll eine solche Version nicht mehr angeboten werden.

/LL110/ Kommunikation

Innerhalb des Lernspiels soll die Kommunikation mittels eines Chats möglich sein. Kommunikationstechnologien wie E-Mail und Foren sind innerhalb des Spieles nicht nötig, da diese schon in der Lernplattform selbst bereit stehen. Ein Chat ist erforderlich, da das Lernspiel auch im Multi-User-Modus genutzt werden soll. Die Möglichkeit der Kommunikation zwischen Nutzern, die sich ggf. nicht im selben realen Raum befinden muss gewährleistet sein.

/LL120/ Feedback

Das System soll dem Benutzer Feedback über getätigte Eingaben geben. Dies kann in Form von textuellen Hinweisen geschehen. Die wichtigste Stelle an der Feedback gegeben werden soll, ist nach einer falsch beantworteten Frage oder Aufgabe. Direkt im Anschluss soll durch eine Popup-Meldung die korrekte Antwort gegeben werden. Am Ende jeden Levels sollte auch Feedback in Form einer Zusammenfassung gegeben werden. D.h. hier sollte eine Übersicht erscheinen in der z.B. erkennbar ist, wie viel Prozent der Fragen richtig beantwortet wurden. Insbesondere soll hier jedoch nochmal ein Überblich über die falsch beantworteten Fragen/Aufgaben und die dazugehörigen richtigen Lösungen gegeben werden.

/LL130/ Co-Design / Eingriffsmöglichkeiten

Dem Benutzer soll es möglich sein, Eingriff auf das Spielgeschehen zu nehmen. D.h. je nachdem welche Entscheidung er zu bestimmten Zeitpunkten des Spiels trifft, ändert sich der Spielverlauf. Anders ausgedrückt bedeutet dies, dass es keinen fix vorgegeben Lösungsweg geben soll, sondern mehrere Lösungswege zielführend sein sollen.

/LL140/ Multimedia

Einsatz verschiedener multimedialer Elemente: Um das Spiel möglichst abwechslungsreich zu gestalten und so die Motivation des Nutzers zu erhalten, sollten verschiedene multimediale Elemente eingesetzt werden. Hierbei sollten mindestens Text, Audioelemente und Videos eingesetzt werden.

/LL150/ Information „On Demand"

Das System soll in der Lage sein, relevante Informationen erst dann auszugeben, wenn sie vom Benutzer auch wirklich benötigt werden. Damit sind beispielweise Spielregeln gemeint, bei denen es nicht notwendig ist, sie von Beginn an zu kennen. Dies dient der Erhaltung der Motivation. Siehe auch „Benutzbarkeit " unter den Qualitätsanforderungen.

/LL160/ Identitäten

Der Benutzer nimmt während des Spiels eine fiktive Identität an, damit er eventuell vorhandene Zwänge oder Hemmungen abbauen kann. Risikohafte Entscheidungen lassen sich dann leichter treffen. Diese Identitäten können beispielsweise Funktionen wie z.B. leitende Angestellte, Geschäftsführer oder ähnliches innehaben.

/LL170/ Levelartige Struktur

Das Lernspiel sollte eine Strukturierung im Lernprozess aufweisen. Das bedeutet, dass ein levelartiger Aufbau mit aufeinander aufbauenden Lernebenen vorhanden sein sollte. Hat ein Spieler einen Level durch Bestehen des Abschluss-Tests erfolgreich absolviert, wird der nächsthöhere Level freigeschaltet. Er kann das Spiel dann in diesem Level fortsetzen aber auch einen niedrigeren Level zur Wiederholung der Lerninhalte wählen. Der höchste Level, der durch den Spieler erreicht wurde, stellt auch gleichzeitig seinen persönlichen Skill dar. Dieser Skill wird hinter dem Spielernamen/Nicknamen in Klammer mitaufgeführt, um andere Spieler einschätzen zu lassen, wie „stark" ein Spieler als Gegner oder Mitspieler im Multi-User-Modus ist.

/LL180/ Single und Multi-User Modus

Es sollen zwei verschiedene Art und Weisen implementiert sein, dass Lernspiel durchzuführen. Zum einen kann der Benutzer das Lernspiel als Single-Player nutzen und zum anderen soll es einen Multi-User-Modus geben, bei dem mehrere Nutzer gemeinsam an der Lösung eines Problems arbeiten oder gegeneinander spielen können.

/LL190/ Erfolgsmessung

Im Lernspiel soll eine Statistik zur Erfolgsmessung der einzelnen Benutzer geführt werden. Neben der Einsicht des eigenen Highscores/der erspielten Punkte können sich die Benutzer auch untereinander vergleichen. Neben der Vergleichbarkeit miteinander, soll auch das System den Benutzer bewerten können. Diese Art der Erfolgsmessung soll zur Steigerung der Motivation durch das Vergleichen mit anderen Nutzern führen.

/LL200/ Freigabe

Der Benutzer kann entscheiden, ob und welche seiner Daten er für andere Benutzern sichtbar machen will. Er soll die Möglichkeit haben dies mittels Checkboxes und/oder Radio-Buttons zu erledigen.

/LL210/ Tests

Durch Tests am Ende jeden Levels – oder auch zwischenzeitlich – sollen die Nutzer ihr Wissen unter Beweis stellen können. Wird der Test bestanden, steigt der Nutzer in den nächsthöheren Level auf. Wird der Test nicht bestanden, bleibt der Nutzer im gleichen Level und muss den Test (alternativ den gesamten Level) wiederholen. Weiterhin soll auch die Möglichkeit bestehen die Lerninhalte durch freiwillige Tests auf Klausurniveau zu repetieren und einzuüben. Der Schwierigkeitsgrad dieser Test darf dabei nicht zu niedrig sein, damit der Nutzer beim Durchführen Interesse und Motivation nicht verliert.

/LL220/ Grafische Unterstützung & Performance

Das Lernspiel soll optisch möglichst anspruchsvoll sein. Rein textuelle Wissensabfragen sind nicht erwünscht. Hierbei besteht allerdings nicht die Notwendigkeit das Spiel in 3D darzustellen.

/LL230/ Individuelle Lernprofile

Jeder Benutzer des Lernspiels soll ein eigenes Lernprofil haben, in dem er seine Daten (Benutzerdaten, Spieldaten) einsehen kann. Hier soll es für den Nutzer auch die Option geben, sich eine fiktive Figur bzw. einen Avatar für das Planspiel auszusuchen. Ein Avatar wurde von den Studenten zwar nur als nebensächlich eingestuft, wird aber aufgrund der Ergebnisse der Literaturrecherche (siehe Kapitel 5.2.3.1) in das Lastenheft mitaufgenommen.

/LL240/ Übernahme der Daten

Die Benutzerdaten aus **/LD010/** sollen aus der Lernplattform in das Lernspiel übernommen werden. Dabei dürfen die Daten nicht verändert werden. Nur der Benutzername/Nickname ist frei wähl- und veränderbar.

/LL250/ Regeln

In dem Lernspiel sollen klar definierte Regeln und Ziele erkennbar sein. Die Regeln dienen dazu den Weg zum Lernziel zu ebnen. Dies bedeutet auch, dass Herangehensweise und Lösungsprinzipien vermittelt werden sollen. Für den Nutzer soll eine gewisse Strategie erkennbar sein.

/LL260/ Realitätsnähe

Wichtig ist, dass die Inhalte der Lernspiele eine gewisse Realitätsnähe aufweisen, da Dinge, die man in der Realität schon erlebt hat oder regelmäßig erlebt besser im Gedächtnis haften bleiben.

7.6 Qualitätsanforderungen

Sicherheit

Da das Spiel mit sensiblen Daten umgeht – z.B. werden die Login-Daten, die für alle Universitäts-Account verwendet werden, benutzt – sollte eine große Aufmerksamkeit auf die Sicherheit gelegt werden. Es gilt unberechtigten Zugriff zu vermeiden. Benutzer müssen sich authentifizieren und personenbezogene Daten müssen verschlüsselt abgelegt werden.

Verfügbarkeit

Da das Lernspiel sowohl als Download-Version als auch als Online-Version verfügbar sein soll, ist der Zugang ununterbrochen (24/7) zu gewährleisten.

Benutzbarkeit

Das Lernspiel sollte ohne viel Einarbeitung durchzuführen sein. Gerade zu Beginn sollte der Nutzer nicht mit Regeln und Bedienungsanleitungen überhäuft werden. Wünschenswert sind Informationen „On Demand", d.h. Instruktionen erfolgen erst an geeigneter Stelle zu geeignetem Zeitpunkt.

Technisch einwandfrei

Auf technische Zuverlässigkeit wird größten Wert gelegt.

7.7 Ergänzungen

In Kapitel 7.5.1 wurde bereits angedeutet, dass außer der Rolle „Student" noch weitere Rollen für die Lernplattform und das Lernspiel eingerichtet werden müssen.

/LL031/ Rollen- und Rechtevergabe (a)

Es sollen mindestens auch die Rollen Dozent und Administrator noch hinzugefügt werden. Denkbar wäre auch eine Rolle für die wissenschaftlichen Mitarbeiter der Dozenten, die dann mit ähnlichen Rechten wie die Dozenten selbst ausgestattet sein müssten.

Da die Studenten – wie in „/LF050/ Aktualisieren" gefordert – die Möglichkeit haben sollen, die Lerninhalte des digitalen Lernspieles zu aktualisieren, müssen Dozenten selbstverständlich auch die Möglichkeit haben, die Lerninhalte einzugeben und aktuell zu halten. Aufgrund dessen wird hier noch folgende Produktleistung gefordert:

/LL270/ Aktualisierung der Lerninhalte durch Dozenten

Dozenten sollen die Lerninhalte des digitalen Lernspiels aktualisieren können. Dabei haben sie die Möglichkeit, z.B. Lernfragen in verschiedene Schwierigkeitsstufen einzuteilen. Dies soll geschehen, damit später die Lernenden durch Auswahl einer bestimmten Schwierigkeitsstufe auch dementsprechend angepasste Lerninhalte erhalten. Dies erfordert die Existenz eines „Backend"-Bereichs für die Dozenten. Hier sollen die Dozenten über ein textbasiertes Tool die Inhalte einfach (ohne Programmierkenntnisse) aktualisieren können. Wenn die Lerninhalte aktualisiert wurden, erhalten alle Nutzer dieses Lernspieles eine entsprechende Meldung und können durch Klick auf den Aktualisieren-Button ein Update durchführen.

8 Zusammenfassung und Ausblick

Mit der vorliegenden Studie soll ein Konzept in Form eines Lastenheftes vorgelegt werden, wie digitale Lernspiele in eine universitäre Lernplattform integriert werden können. Hierzu musste eruiert werden, welche Anforderungen an digitale Lernspiele in einer universitären Umgebung bestehen. Dazu wurden im ersten Schritt wichtige Anforderungen und Kriterien an Lernplattformen und das Digital Game Based Learning aus der Literatur herausgesucht. Der zweite Schritt war eine schriftliche Befragung von Studenten, bei der deren Anforderungen an das Digital Game Based Learning auf universitärer Ebene herausgefunden werden sollten.

Grundlegend ist zu sagen, dass die Bereitschaft ein digitales Lernspiel zu nutzen vorhanden ist. Die befragten Studenten erhoffen sich vom Digital Game Based Learning eine das Lernen betreffende Motivationssteigerung. Hierbei gilt es das richtige Maß an Herausforderung, Lerninhalten und Unterhaltung zu finden.

Als Hauptgrund für das Spielen eines Computer- oder Videospiels ist Unterhaltung genannt worden (siehe Abbildung 11). Aus der Befragung geht jedoch hervor, dass die Kategorie Unterhaltung als am wenigsten wichtig erachtet wurde (Abbildung 17). Hier ist ein Ansatzpunkt für das Digital Game Based Learning auf universitärer Basis zu sehen: möglichst viele hochwertige Lerninhalte in ein unterhaltsames Computerspiel zu integrieren. Man bietet Studenten ein Lernspiel, das durch einen hohen Unterhaltungswert eine Freizeitbeschäftigung darstellt, gleichzeitig aber den Lernstoff des Studiums einübt. Durch die Verschmelzung dieser beiden Komponenten ist es möglich, dass man Studenten dazu bewegen kann auch in ihrer Freizeit zu lernen. Immerhin spielt jeder vierte befragte Student mehrere Male in der Woche ein Computerspiel (siehe Abbildung 10). Hervorzuheben ist, dass sich die Anforderungen der Befragten nicht unterscheiden, egal ob sie viel oder wenig Computer spielen: Inhalt & Ziele der Lernspiele sind wichtiger als Unterhaltung. Dies unterstützt die von Prensky (2001, S.145f) vertretene Meinung, dass es beim Digital Game Based Learning primär um bildende Inhalte geht (siehe Kapitel 4.3).

Das Lastenheft aus Kapitel 7 stellt ein Grundsystem aus Sicht der Studenten dar. Hier wurden alle als wichtig erachteten Anforderungen integriert. Weitere Anforderungen, die aus der Literaturrecherche hervorgingen und sich als nützlich aber nicht notwendig erweisen, werden hier kurz angesprochen:

(i) Vorstellbar ist zum Beispiel ein Videochat für die Spieler als Alternative zu dem rein textbasierten Chat. Weiterhin sind auch eine Sprachsteuerung und eine Sprach-Kommunikation der Nutzer untereinander denkbar.

(ii) Da auch ein Multi-User-Modus implementiert werden soll, lässt sich auch die Überlegung anführen, einen Modus einzubringen, der die Nutzer in Teams gegeneinander antreten lässt. Dies könnte die Motivation und den Spielspaß noch zusätzlich erhöhen.

Des Weiteren ist selbstverständlich, dass die Spiel-Szenarien politisch korrekt und ethisch einwandfrei sein sollen. D.h. beispielsweise, dass sie weder sexistisch noch rassistisch sind, keine ethnischen Gruppen benachteiligen, etc.

Das Grundgerüst des Lastenheftes kann als Basis für viele verschiedene Szenarien dienen und um Anforderungen anderer Stakeholder-Gruppen erweitert werden.

Literaturverzeichnis

Balzert, H. (2001): Lehrbuch der Software-Technik. Software-Entwicklung. 2. Aufl., Spektrum Akademischer Verlag, Heidelberg 2001.

Barbuto, J. E.; Scholl, R. W. (1998): Motivation sources inventory - Development and validation of new scales to measure an integrative taxonomy of motivation. In: Psychological Reports. Vol. 82 (1998), Issue 3, S. 1011–1022. In: http://www.uri.edu/research/lrc/scholl/research/papers/Barbuto_Scholl_1998.pdf, zugegriffen am 05.03.2012.

Baumgartner, P.; Häfele, H.; Maier-Häfele, K. (2002): E-Learning Praxishandbuch - Auswahl von Lernplattformen. Marktübersicht - Funktionen - Fachbegriffe. StudienVerlag, Innsbruck 2002.

Baumgartner, P.; Payr, S. (2001): Erfinden lernen. In: Konstruktivismus und Kognitionswissenschaft - Kulturelle Wurzeln und Ergebnisse. Hrsg.: von Foerster, H.: Müller, A.; Müller, K. H.; Stadler, F. :. 2. Aufl. Springer, Wien 2001, S. 89–106. In: http://www.peter.baumgartner.name/material/article/erfinden_lernen.pdf, zugegriffen am 30.03.2012.

Bischof, N. (1985): Das Rätsel Ödipus - Die biologischen Wurzeln des Urkonfliktes von Intimität und Autonomie. Piper, München, Zürich 1985.

Bopp, M. (2006): Immersive Didaktik: Verdeckte Lernhilfen und Framingprozesse in Computerspielen. In: Das Spiel mit dem Medium - Partizipation, Immersion, Interaktion. Hrsg.: Neitzel, B.; Nohr, R. F., Schüren, Marburg 2006, S. 169–184. In: http://www.soz.uni-frankfurt.de/K.G/B2_2005_Bopp.pdf, zugegriffen am 22.02.2012.

Börner, D. (2007): Integration von Spiel-basierten Lernprogrammen in SCORM-konformen Lernumgebungen unter besonderer Beachtung des Multi-User Aspektes. Diplomarbeit, Dresden 2007 Hochschule für Technik und Wirtschaft Dresden (FH). In: http://www.merino.de/diplomarbeiten/j02/boerner-diplomarbeit.pdf, zugegriffen am 17.01.2012.

Burgos, D.; Tattersall, C.; Koper, R. (o.J.): Can IMS Learning Design Be Used To Model Computer-Based Educational Games? In: http://dspace.ou.nl/bitstream/1820/673/1/BINARIA_Issue5_burgos_et_al.pdf, zugegriffen am 17.01.2012.

Csikszentmihalyi, Mihaly (2010): Flow. Das Geheimnis des Glücks. 15. Aufl., Klett-Cotta, Stuttgart 2010.

de.statista.com (2012): Social Games - Nutzungshäufigkeit. In: http://de.statista.com/statistik/daten/studie/151294/umfrage/nutzungshaeufigkeit-von-social-games/, zugegriffen am 02.04.2012.

Europäische Kommission (2011): Glossar. In: http://www.elearningeuropa.info/de/glossary/e, zugegriffen am 13.11.2011.

Friedrich, H.F.; Hron, A.; Töpper, J. (2011): Lernplattformen in der Schule. In: Schule in der digitalen Welt - Medienpädagogische Ansätze und Schulforschungsperspektiven. Hrsg.: Albers, C.; Magenheim, J.; Meister, D., 1. Aufl., VS Verlag für Sozialwissenschaften, Wiesbaden 2011, S. 117–141.

Garris, R.; Ahlers, R.; Driskell, J. E. (2002): Games, Motivation and Learning: Research and Practice Model. In: Simulation & Gaming. Hrsg.: Sage Publications. Sage Publications Verlag, Newbury Park, S. 441–467.

Gee, J. P. (2005): Learning by Design: Good Video Games as Learning Machines. In: E-Learning and Digital Media. Volume 2, Number 1, 2005, S. 5–16.

google scholar (2012). In: http://scholar.google.de/scholar?q=schulmeister+Lernplattformen+f%C3%BCr+das+virtuelle+Lernen%3A+Evaluation+und+Didaktik&hl=de&btnG=Suche&lr=, zugegriffen am 19.04.2012.

Habgood, M. P. J. (2007): The Effective Integration of Digital Games and Learning Content. Doktorarbeit. University of Nottingham, Nottingham. In: http://etheses.nottingham.ac.uk/385/1/Habgood_2007_Final.pdf, zugegriffen am 23.01.2012.

Hubner, M. (2011): Intrinsische und extrinsische Motivation. GRIN Verlag GmbH, München 2011

Huffaker, D. (2003): The e-Learning Design Challenge - Technology, models and design principles. In: http://www.e-education.ca/ELearningDesignChallenges.pdf, zugegriffen am 03.12.2011.

Kerres, M.; Ojstersek, N. (2008): Virtuelles Coaching und E-Learning. In: E-Coaching. Hrsg.: Geissler, H., Schneider-Verl. Hohengehren, Baltmannsweiler 2008 S. 60–70.

Lampert, C.; Schwinge, C.; Tolks, D.(2009): Der gespielte Ernst des Lebens: Bestandsaufnahme und Potenziale von Serious Games (for Health) - Computerspiele und Videogames in formellen und informellen Bildungskontexten. In: Medien Pädagogik - Zeitschrift für Theorie und Praxis der Medienbildung (15/16). In: http://www.medienpaed.com/15/lampert0903.pdf, zugegriffen am 28.02.2012.

Laszlo, H. (2000): Versuch über Gefühle, die den Wunsch implizieren, man möge sich auch in Zukunft so fühlen, umgangssprachlich bezeichnet als Glück. Eigenverlag des Autors, Wien 2000.

Looß, M. (2001): Lerntypen? - Ein pädagogisches Konstrukt auf dem Prüfstand. In: Die deutsche Schule (2) (2001), S. 186–198. In: http://www.ifdn.tu-bs.de/didaktikbio/mitarbeiter/looss/looss_Lerntypen.pdf, zugegriffen am 05.03.2012.

Malone, T. W.; Lepper, M. R. (1987): Making learning fun: A taxonomy of intrinsic motivations for learning. In: Aptitude, learning and instruction. Vol. 3. Congtive and affective process analyses. Hrsg.: Snow, R. E.; Farr, M. J., L. Erlbaum associates, Hillsdale (N.J.) 1987, S. 223–253. In: http://ocw.metu.edu.tr/mod/resource/view.php?id=1311, zugegriffen am 18.04.2012.

Meier, C.; Seufert, S. (2003): Game-based Learning - Erfahrungen mit und Perspektiven für digitale Lernspiele in der betrieblichen Bildung. In: Handbuch E-Learning - Expertenwissen aus Wissenschaft und Praxis. Hrsg.: Wilbers, K.; Hohenstein, A., Dt. Wirtschaftsdienst, Köln 2003.

Moodle.org (2012): Moodle-Statistik In: http://moodle.org/stats, zugegriffen am 26.04.2012

Pongratz, H. (2010): Zwischen Web 2.0, virtuellen Welten und Game-based Learning – Einsatzszenarien und Prototypen im Hochschulumfeld. In: Informationsmanagement in Hochschulen. Hrsg.: Bode, A. Springer Berlin, Heidelberg 2010, S. 321–335.

Prensky, M. (2001): Digital game-based learning. McGraw-Hill, New York 2001.

Rieke, A. (2007): Digital Game-Based Learning: Spielerische Elemente im E-Learning. Masterarbeit. Universität Duisburg-Essen. In: http://mediendidaktik.uni-duisburg-essen.de/system/files/sites/medida/files/ED_Masterarbeit_Rieke_GamebasedLearning.pdf, zugegriffen am 19.04.2012.

Scheffer, D.; Kuhl, J. (2006): Erfolgreich motivieren - Mitarbeiterpersönlichkeit und Motivationstechniken. 1. Aufl., Hogrefe Verlag, Göttingen 2006.

Scheliga, M. (2011): Facebook-Anwendungen programmieren. - Facebook-Applikationen programmieren, Fanpages erstellen, Open-Source-Tools einsetzen. O'Reilly, Beijing u.a. 2011.

Schulmeister, R. (2003): Lernplattformen für das virtuelle Lernen - Evaluation und Didaktik. Oldenbourg, München 2003.

Schwan, S. (2006): Game Based Learning - Computerspiele in der Hochschullehre. In: http://www.e-teaching.org/didaktik/konzeption/methoden/lernspiele/game_based_learning/gamebasedlearning.pdf, zugegriffen am 01.12.2011.

Tulodziecki, G. (1996): Lehr-/lerntheoretische Konzepte und Software-Entwicklung. In: Neue Medien in den Schulen. Initiative: BIG - Bildungswege in der Informationsgesellschaft; Projekte - Konzepte - Kompetenzen; eine Bestandsaufnahme. Hrsg.: Tulodziecki, G.; Hagemann, W.; Herzig, B.; Leufen, S.; Mütze, C.,Verl. Bertelsmann-Stiftung, Gütersloh S. 41–54. In: http://mediaculture-online.de/fileadmin/bibliothek/tulodziecki_software/tulodziecki_software1.pdf, zugegriffen am 19.04.2012.

Venkatesh, V.; Morris, M, G.; Davis, G, B.; Davis, F, D. (2003): User Acceptance of Information Technology: Toward a Unified View. In: MIS Quarterly, Vol. 27, Nr. 3, 2003, S. 425–478.

Vester, F. (2011): Denken, Lernen, Vergessen - Was geht in unserem Kopf vor, wie lernt das Gehirn und wann läßt es uns im Stich? 34. Aufl., Dt. Taschenbuch-Verlag, München 2011

Weinreich, U.; von Lindern, E. (2008): Praxisbuch Kundenbefragungen - Repräsentative Stichproben auswählen, relevante Fragen stellen, Ergebnisse richtig interpretieren. mi-Fachverlag, München 2008.

Wegener, R.; Prinz, A.; Leimeister, J. M. (2011): Entwicklung innovativer, mobiler Lernanwendungen für den Einsatz in Massenveranstaltungen. In: 6. Konferenz Mobile und Ubiquitäre Informationssysteme (MMS). Kaiserslautern. In: http://www.uni-kassel.de/fb7/ibwl/leimeister/pub/JML_218.pdf, zugegriffen am 09.04.2012.

Anhang

Anhang A Fragebogen

Anforderungen an Lernspiele　　　　　　　　　　　　　　　　Seite 1/5　　0%

Liebe Kommilitoninnen und Kommilitonen,

im Rahmen meiner Diplomarbeit im Studiengang Wirtschaftswissenschaften setze ich mich mit Anforderungen und Nutzen digitaler Lernspiele auseinander. Sei es als Unterstützung im Tutorium, der Vorlesung oder zum eigenständigen Lernen.

Wenn Computerspiele in der Vergangenheit untersucht wurden, dann war dies meist aufgrund deren negativer Wirkung der Fall. Mit Hilfe des Fragebogens soll eruiert werden, ob Studierende den Einsatz von Lernspielen in einer universitären Lernplattform - wie z.B. moodle - befürworten würden und welche Anforderungen Studenten an Lernspiele haben.

Bitte nehmt euch die Zeit um den folgenden Fragebogen auszufüllen, es nimmt nur ca. 15 Minuten in Anspruch.

Eure Angaben sind anonym, werden streng vertraulich behandelt und nur für wissenschaftliche Zwecke verwendet. Es gibt außerdem keine richtigen oder falschen Antworten, denn eure persönliche Meinung ist mir wichtig.

Im ersten Teil des Fragebogens werdet ihr nach wenigen demographischen Dingen gefragt. Anschließend werden ein paar Fragen zur allgemeinen Nutzung von Computer- und Videospielen gestellt, bevor der Hauptteil des Fragebogens über die Anforderungen an Lernspiele folgt. Im letzten Teil werdet ihr dann noch kurz zur Nutzung von Endgeräten befragt und dann habt ihr es auch schon geschafft.

Die mit einem Sternchen versehenen Fragen sind Pflichtfelder.

Anforderungen an Lernspiele　　　　　　　　　　　　　　　　Seite 2/5　　20%

Demographische Daten

Zunächst benötigen wir von Ihnen ein paar demographische Daten.

1. Bitte geben Sie Ihr Geschlecht an. *

- ○ männlich
- ○ weiblich

2. Bitte geben Sie Ihr Alter an. *

[ ]

3. An welcher Universität studieren Sie? *

[ ]

4. In welchem Studiengang studieren Sie? *

[ ]

5. In welchem Semester studieren Sie? *

[ ]

[Zurück]　　Umfrage erstellt mit Hilfe von '2ask' **2 ask**　　[Weiter]

Anforderungen an Lernspiele Seite 3/5

Allgemeine Fragen zur Nutzung von Computerspielen

In diesem Abschnitt möchten wir Sie bitten ein paar allgemeine Fragen zur Computerspielnutzung zu beantworten. Sollten Sie niemals Computer- oder Videospiele (dazu zählen auch Spiele auf dem Handy oder Smartphone) spielen, beantworten Sie bitte die erste Frage mit "gar nicht" und fahren auf der nächsten Seite fort.

6. Wie oft spielen Sie Computer- oder Videospiele? *

- gar nicht
- ein paar Mal im Jahr
- ein paar Mal im Monat
- ein paar Mal in der Woche
- jeden Tag

7. Wie viele Stunden durchschnittlich in der Woche?

- weniger als eine
- 1 - 5 Stunden
- 6 - 10 Stunden
- 11 - 15 Stunden
- 16 - 20 Stunden
- mehr als 20 Stunden

8. 8. Warum spielen Sie Computer- oder Videospiele?

	Stimme überhaupt nicht zu			teils/teils			Stimme voll und ganz zu
Zur Unterhaltung	○	○	○	○	○	○	○
Aus Langeweile	○	○	○	○	○	○	○
Zur Entspannung	○	○	○	○	○	○	○
Um sich abzureagieren	○	○	○	○	○	○	○
Wegen der Herausforderung	○	○	○	○	○	○	○

9. Spielen Sie Computerspiele lieber ...

- alleine
- zusammen mit anderen

10. Falls Sie Spiele online spielen, spielen sie dann lieber ...

- alleine
- zusammen mit anderen

11. Wenn Sie mit anderen spielen, spielen Sie ...

- miteinander (im Team)
- gegeneinander
- beides

[Zurück]   Umfrage erstellt mit Hilfe von '2ask' 2 **ask**   [Weiter]

Anforderungen an Lernspiele Seite 4/5 60%

Diese Seite stellt den Hauptteil des Fragebogens dar. Hier werden Ihnen Fragen zu Anforderungen und Nutzungsverhalten von Lernspielen gestellt.

Bitte achten Sie darauf, dass Sie jede Zeile ausfüllen.

12. Bitte geben Sie an, inwieweit Sie den folgenden Aussagen zustimmen. *

	Stimme überhaupt nicht zu			teils/teils			Stimme voll und ganz zu
Können Sie sich vorstellen die Lerninhalte Ihres Studiums mit Hilfe eines Computerspiels zu vertiefen?	○	○	○	○	○	○	○
Wenn Sie die Wahl hätten, würden Sie Kurse besuchen, in denen Lernspiele eingesetzt werden?	○	○	○	○	○	○	○
Ist es sinnvoll Spiele als Teil der Vorlesung/des Tutoriums einzusetzen?	○	○	○	○	○	○	○
Könnte ein Lernspiel Ihre Motivation zu Lernen erhöhen?	○	○	○	○	○	○	○
Können Sie sich vorstellen, dass ein Lernspiel das Lernen für Ihr Studium erleichtert?	○	○	○	○	○	○	○
Können Sie sich vorstellen, dass ein Lernspiel das Lernen für Ihr Studium effektiver gestaltet?	○	○	○	○	○	○	○

13. Bitte geben Sie an, welche Anforderungen ein Lernspiel Ihrer Meinung nach erfüllen sollte. Ein Lernspiel sollte ... *

	Stimme überhaupt nicht zu			teils/teils			Stimme voll und ganz zu
Spaß machen.	○	○	○	○	○	○	○
leicht verständlich sein.	○	○	○	○	○	○	○
einfach zu bedienen sein.	○	○	○	○	○	○	○
gut entspannen.	○	○	○	○	○	○	○
an jedem Ort (zu Hause, in den Ausbildungsräumen etc.) zu spielen sein.	○	○	○	○	○	○	○
eine Hilfe zur Prüfungsvorbereitung sein.	○	○	○	○	○	○	○
ausschließlich auf meine Ausbildung zugeschnitten sein.	○	○	○	○	○	○	○
Spannung erzeugen.	○	○	○	○	○	○	○
für die Ausbildung relevantes Wissen einüben.	○	○	○	○	○	○	○
gemeinsam in einer Gruppe gespielt werden können (Multiplayer-Modus).	○	○	○	○	○	○	○
von einer Person (z.B. Tutor) erklärt werden.	○	○	○	○	○	○	○
Belohnungselemente (z.B. Punkte, Aufstieg in ein höheres Level) enthalten.	○	○	○	○	○	○	○

einen Avatar (Spielecharakter) zum Spielen nutzen.	○	○	○	○	○	○	○
mir helfen, Fehler in den Antworten zu verstehen.	○	○	○	○	○	○	○
immer ohne technische Probleme zu spielen sein.	○	○	○	○	○	○	○
mich motivieren, intensiver zu lernen.	○	○	○	○	○	○	○
auch Themen zur Allgemeinbildung beinhalten.	○	○	○	○	○	○	○
in 3D dargestellt sein.	○	○	○	○	○	○	○
mir das Gefühl geben, in eine andere Welt „einzutauchen".	○	○	○	○	○	○	○
bestimmte ausbildungsrelevante Abläufe (z.B. chemischer Prozess, Versuchsdurchführung etc.) verständlich machen.	○	○	○	○	○	○	○
ohne Zeitdruck gespielt werden können.	○	○	○	○	○	○	○
online spielbar sein.	○	○	○	○	○	○	○
mir Feedback zu meinen Antworten geben.	○	○	○	○	○	○	○
neue Inhalte, neues Wissen vermitteln.	○	○	○	○	○	○	○
Sprache und Sound nutzen.	○	○	○	○	○	○	○
von mir mitgestaltet werden können (z.B. der Fragenpool, Handlung etc.).	○	○	○	○	○	○	○
verschiedene Schwierigkeitslevels haben.	○	○	○	○	○	○	○
hohes selbstbestimmtes Handeln ermöglichen.	○	○	○	○	○	○	○
multimediale Elemente nutzen (Videos, Animationen, etc.)	○	○	○	○	○	○	○
eine realistische Story beinhalten.	○	○	○	○	○	○	○
optisch schön anzusehen sein.	○	○	○	○	○	○	○
Gruppenarbeiten ermöglichen.	○	○	○	○	○	○	○
Kontrollmöglichkeiten (Tests) enthalten.	○	○	○	○	○	○	○
Kommunikationsmöglichkeiten unter den Lernenden bieten.	○	○	○	○	○	○	○
individuelle Lernprofile haben.	○	○	○	○	○	○	○
den Lernenden bewerten können.	○	○	○	○	○	○	○

14. Welche Anforderungen sind Ihnen außerdem wichtig?

15. Welche Art von Lernspielen würden Sie gerne öfter während des Studiums spielen/durchführen? *

☐ Lernquiz
☐ Rollenspiel
☐ Simulation / Planspiel
☐ Abenteuerspiel
☐ Spiel zum Erholen zwischen den Lernphasen

16. Wie kann Ihre Motivation während des Spiels aufrechterhalten werden? *

	Stimme überhaupt nicht zu			teils/teils			Stimme voll und ganz zu
über Wettkämpfe	○	○	○	○	○	○	○
über Feedback	○	○	○	○	○	○	○
über (angemessene) Herausforderungen	○	○	○	○	○	○	○
über Reflektion des bereits Gelernten	○	○	○	○	○	○	○
über die Realität der Story	○	○	○	○	○	○	○
über Hilfestellungen des Programms	○	○	○	○	○	○	○
über verschiedene Schwierigkeitslevel	○	○	○	○	○	○	○
über persönliche Adressierung des Lernenden	○	○	○	○	○	○	○
über soziale Interaktion	○	○	○	○	○	○	○
über individuelle Erfolgsmessung	○	○	○	○	○	○	○

17. Nutzen Sie bereits Lernspiele? *

○ Ja
○ Nein

18. Wenn ja, welche(s) ?

[   ]

[Zurück]   Umfrage erstellt mit Hilfe von '2ask' 2 ask   [Weiter]

Anforderungen an Lernspiele Seite 5/5 80%

Abschließend beantworten Sie bitte noch ein paar Fragen zu Besitz und Gebrauch von Endgeräten.

19. Welche Endgeräte besitzen Sie? *

- [ ] PC / Laptop
- [ ] Tablet PC
- [ ] Smartphone
- [ ] keines der genannten
- [ ] sonstige _____

20. Welches Endgerät benutzen Sie (auch wenn Sie eventuell kein eigenes besitzen) häufig? *

	nie						sehr häufig
PC / Laptop	○	○	○	○	○	○	○
Tablet PC	○	○	○	○	○	○	○
Smartphone	○	○	○	○	○	○	○
sonstige	○	○	○	○	○	○	○

21. Wie häufig sind Sie mit den folgenden Geräten im Internet? *

	nie						sehr häufig
PC / Laptop	○	○	○	○	○	○	○
Tablet PC	○	○	○	○	○	○	○
Smartphone	○	○	○	○	○	○	○
sonstige	○	○	○	○	○	○	○

22. Mit welchen Endgeräten würden Sie bevorzugt ein Lernspiel spielen? *

	trifft gar nicht zu			teils/teils		trifft völlig zu	
PC / Laptop	○	○	○	○	○	○	○
Tablet PC	○	○	○	○	○	○	○
Smartphone	○	○	○	○	○	○	○
sonstige	○	○	○	○	○	○	○

23. Wo würden Sie bevorzugt ein Lernspiel spielen? *

	trifft gar nicht zu			teils/teils			trifft völlig zu
Bibliothek	○	○	○	○	○	○	○
Seminarraum	○	○	○	○	○	○	○
zu Hause	○	○	○	○	○	○	○
unterwegs (Zug, im Café, etc.)	○	○	○	○	○	○	○
PC-Pool	○	○	○	○	○	○	○
sonstiges	○	○	○	○	○	○	○

24. Wäre es leicht für Sie ein Lernspiel zu benutzen, ... *

	unmöglich						sehr leicht
wenn Ihnen der Online-Zugang über die Lernplattform der Universität ermöglicht wird?	○	○	○	○	○	○	○
wenn Ihnen das Spiel auf einer CD-ROM zur Verfügung gestellt wird?	○	○	○	○	○	○	○
wenn Sie sich das Spiel über die Lernplattform der Universität herunterladen können?	○	○	○	○	○	○	○

25. Hier können Sie abschließend eventuelle Bemerkungen eintragen.

[Zurück]   Umfrage erstellt mit Hilfe von '2ask' **2 ask**   [Absenden]

Anforderungen an Lernspiele

Ende des Fragebogens

Vielen Dank für die Teilnahme an unserer Umfrage.
Sie haben den Fragebogen erfolgreich ausgefüllt.
Sie können den Browser nun schließen.

Umfrage erstellt mit Hilfe von '2ask' **2 ask**